JULIE,

OU

LA NOUVELLE HELOÏSE.

TOME QUATRIEME.

LETTRES
DE DEUX AMANS,
Habitans d'une petite Ville
au pied des Alpes.

RECUEILLIES ET PUBLIÉES

PAR J. J. ROUSSEAU.

QUATRIEME PARTIE.

A AMSTERDAM,
Chez MARC MICHEL REY.
MDCCLXI.

LETTRES

DE DEUX AMANS,

HABITANS D'UNE PETITE VILLE, AU PIED DES ALPES.

QUATRIEME PARTIE.

LETTRE I.

De Mad^e^. de Wolmar

A Mad^e^. d'Orbe.

QUe tu tardes longtems à revenir! Toutes ces allées & venues ne m'accomodent point. Que d'heures se perdent à te rendre où tu devrois toûjours être, & qui pis est à t'en éloigner! L'idée de se voir pour si peu de tems gâte tout le plaisir d'être ensemble. Ne sens-tu pas qu'être ainsi alternativement chez toi & chez moi, c'eſt n'être bien nulle part, & n'imagines-tu point quelque moyen de faire que tu ſois en même tems chez l'une & chez l'autre?

Que faiſons-nous, chere Couſine? Que d'inſtans précieux nous laiſſons perdre, quand il ne nous en reſte plus à prodiguer! Les années ſe multiplient; la jeuneſſe commence à fuir; la vie s'écoule; le bonheur paſſager qu'elle offre eſt entre nos mains, & nous négligeons d'en jouïr! Te ſouvient-il du tems où nous étions encore filles, de ces premiers tems ſi charmans & ſi doux qu'on ne retrouve plus dans un autre âge, & que le cœur oublie avec tant de peine? Combien de fois, forcées de nous ſéparer pour peu de jours & même pour peu d'heures, nous diſions en nous embraſſant triſtement; Ah! ſi jamais nous diſpoſons de nous, on ne nous verra plus ſéparées? Nous en diſpoſons maintenant, & nous paſſons la moitié de l'année éloignées l'une de l'autre. Quoi! nous aimerions-nous moins? chere & tendre amie, nous le sentons toutes deux, combien le tems, l'habitude, & tes bienfaits ont rendu notre attachement plus fort & plus indissoluble. Pour moi, ton absence me paroit de jour en jour plus insupportable, & je ne puis plus vivre un instant sans toi. Ce progrès de notre amitié est plus naturel qu'il ne semble: il a sa raison dans notre situation ainsi que dans nos caracteres. A mesure qu'on avance en âge tous les sentimens se concentrent. On perd tous les jours quelque chose de ce qui nous fut cher, & l'on ne le remplace plus. On meurt ainsi par degrés, jusqu'à ce que n'aimant enfin que soi-même, on ait cessé de sentir & de vivre avant de cesser d'exister. Mais un cœur sensible se défend de toute sa force contre cette mort anticipée; quand le froid commence aux extrémités, il rassemble autour de lui toute sa chaleur naturelle; plus il perd, plus il s'attache à ce qui lui reste; & il tient, pour ainsi dire, au dernier objet par les liens de tous les autres.

Voila ce qu'il me semble éprouver déja, quoique jeune encore. Ah! ma chere, mon pauvre cœur a tant aimé! Il s'est épuisé de si bonne heure qu'il vieillit avant le tems, & tant d'affections diverses l'ont tellement absorbé qu'il n'y reste plus de place pour des attachemens nouveaux. Tu m'as vue successivement fille, amie, amante, épouse, & mere. Tu sais si tous ces titres m'ont été chers! Quelques-uns de ces liens sont détruits, d'autres sont relâchés. Ma mere, ma tendre mere n'est plus; il ne me reste que des pleurs à donner à sa mémoire, & je ne goûte qu'à moitié le plus doux sentiment de la nature. L'amour est éteint, il l'est pour jamais, & c'est encore une place qui ne sera point remplie. Nous avons perdu ton digne & bon mari que j'aimois comme la chere moitié de toi-même, & qui méritoit si bien ta tendresse & mon amitié. Si mes fils

fils étoient plus grands, l'amour maternel rempliroit tous ces vuides: Mais cet amôur, ainſi que tous les autres a beſoin de communication, & quel retour peut attendre une mere d'un enfant de quatre ou cinq ans? Nos enfans nous ſont chers longtems avant qu'ils puiſſent le ſentir & nous aimer à leur tour; & cependant, on a ſi grand beſoin de dire combien on les aime à quelqu'un qui nous entende! Mon mari m'entend; mais il ne me répond pas aſſés à ma fantaiſie; la tête ne lui en tourne pas comme à moi: ſa tendreſſe pour eux eſt trop raiſonable; j'en veux une plus vive & qui reſſemble mieux à la mienne. Il me faut une amie, une mere qui ſoit auſſi fole que moi de mes enfans & des ſiens. En un mot, la maternité me rend l'amitié plus néceſſaire encore, par le plaiſir de parler ſans ceſſe de mes enfans, ſans donner de l'ennui. Je ſens que je jouïs doublement des careſſes de mon petit Marcellin quand je te les vois partager.

Quand j'embrasse ta fille ; je crois te presser contre mon sein. Nous l'avons dit cent fois ; en voyant tous nos petits Bambins jouer ensemble, nos cœurs unis les confondent, & nous ne savons plus à laquelle appartient chacun des trois.

Ce n'est pas tout, j'ai de fortes raisons pour te souhaiter sans cesse auprès de moi, & ton absence m'est cruelle à plus d'un égard. Songe à mon éloignement pour toute dissimulation & à cette continuelle réserve où je vis depuis près de six ans avec l'homme du monde qui m'est le plus cher. Mon odieux secret me pese de plus en plus, & semble chaque jour devenir plus indispensable. Plus l'honnêteté veut que je le revele, plus la prudence m'oblige à le garder. Conçois-tu quel état affreux c'est pour une femme de porter la défiance le mensonge & la crainte jusques dans les bras d'un époux, de n'oser ouvrir son cœur à celui qui le possede, & de lui cacher la moitié de sa vie pour assurer le

repos

repos de l'autre? A qui, grand Dieu! faut-il déguiser mes plus secretes pensées & celer l'intérieur d'une ame dont il auroit lieu d'être si content? A M. de Wolmar, à mon mari, au plus digne époux dont le ciel eut pu récompenser la vertu d'une fille chaste. Pour l'avoir trompé une fois, il faut le tromper tous les jours, & me sentir sans cesse indigne de toutes ses bontés pour moi. Mon cœur n'ose accepter aucun témoignage de son estime ses plus tendres caresses me font rougir, & toutes les marques de respect & de considération qu'il me donne se changent dans ma conscience en opprobres & en signes de mépris. Il est bien dur d'avoir à se dire sans cesse; c'est une autre que moi qu'il honore. Ah s'il me connoissoit, il ne me traitteroit pas ainsi! Non, je ne puis supporter cet état affreux; je ne suis jamais seule avec cet homme respectable que je ne sois prête à tomber à genoux devant lui, à lui confesser ma faute & à mou-

mourir de douleur & de honte à ſes pieds.

Cependant les raiſons qui m'ont retenue dès le commencement prennent chaque jour de nouvelles forces, & je n'ai pas un motif de parler qui ne ſoit une raiſon de me taire. En conſidérant l'état paiſible & doux de ma famille, je ne penſe point ſans effroi qu'un ſeul mot y peut cauſer un deſordre irréparable. Après ſix ans paſſés dans une ſi parfaite union, irai-je troubler le repos d'un mari ſi ſage & ſi bon, qui n'a d'autre volonté que celle de ſon heureuſe épouſe, ni d'autre plaiſir que de voir regner dans ſa maiſon l'ordre & la paix? Contriſterai-je par des troubles domeſtiques les vieux jours d'un pere que je vois ſi content, ſi charmé du bonheur de ſa fille & de ſon ami? Expoſerai-je ces chers enfans, ces enfans aimables & qui promettent tant, à n'avoir qu'une éducation négligée ou ſcandaleuſe, à ſe voir les triſtes victimes de la diſcorde de leurs parens, entre un pere enflammé d'une juſte

indigna-

indignation, agité par la jalousie, & une mere infortunée & coupable, toujours noyée dans les pleurs? Je connois M. de Wolmar estimant sa femme; que sais-je ce qu'il sera ne l'estimant plus? Peut-être n'est-il si modéré que parce que la passion qui domineroit dans son caractere n'a pas encore eu lieu de se déveloper. Peut-être sera-t-il aussi violent dans l'emportement de la colere qu'il est doux & tranquille tant qu'il n'a nul sujet de s'irriter.

Si je dois tant d'égards à tout ce qui m'environne, ne m'en dois-je point aussi quelques uns à moi-même? Six ans d'une vie honnête & reguliere n'effacent-ils rien des erreurs de la jeunesse, & faut-il m'exposer encore à la peine d'une faute que je pleure depuis si longtems? Je te l'avoue, ma Cousine, je ne tourne point sans répugnance les yeux sur le passé; il m'humilie jusqu'au découragement, & je suis trop sensible à la honte pour en supporter l'idée sans retomber dans une ſorte de deſeſpoir. Le tems qui s'eſt écoulé depuis mon mariage eſt celui qu'il faut que j'enviſage pour me raſſurer. Mon état préſent m'inſpire une confiance que d'importuns ſouvenirs voudroient m'ôter. J'aime à nourrir mon cœur des ſentimens d'honneur que je crois retrouver en moi. Le rang d'épouſe & de mere m'éleve l'ame & me ſoutient contre les remords d'un autre état. Quand je vois mes enfans & leur pere autour de moi; il me ſemble que tout y reſpire la vertu; ils chaſſent de mon eſprit l'idée même de mes anciennes fautes. Leur innocence eſt la ſauvegarde de la mienne; ils m'en deviennent plus chers en me rendant meilleure, & j'ai tant d'horreur pour tout ce qui bleſſe l'honnêteté que j'ai peine à me croire la même qui put l'oublier autrefois. Je me ſens ſi loin de ce que j'étois, ſi ſûre de ce que je ſuis, qu'il s'en faut peu que je ne regarde ce que j'aurois à dire comme un aveu qui m'eſt étranger

&

& que je ne ſuis plus obligée de faire.

Voila l'état d'incertitude & d'anxiété dans lequel je flote ſans ceſſe en ton abſence. Sais-tu ce qui arrivera de tout cela quelque jour ? Mon pere va bientôt partir pour Berne, reſolu de n'en revenir qu'après avoir vû la fin de ce long procès, dont il ne veut pas nous laiſſer l'embarras, & ne ſe fiant pas trop non plus, je penſe, à notre zele à le pourſuivre. Dans l'intervalle de ſon départ à ſon retour, je reſterai ſeule avec mon mari, & je ſens qu'il ſera preſque impoſſible que mon fatal ſecret ne m'échape. Quand nous avons du monde, tu ſais que M. de Wolmar quite ſouvent la compagnie & fait volontiers ſeul des promenades aux environs ; il cauſe avec les payſans ; il s'informe de leur ſituation ; il examine l'état de leurs terres ; il les aide au beſoin de ſa bourſe & de ſes conſeils. Mais quand nous ſommes ſeuls, il ne ſe promene qu'avec moi ; il quite peu ſa femme & ſes enfans, & ſe prête à leurs petits jeux avec une ſimplicité ſi charmante qu'alors je ſens pour lui quelque choſe de plus tendre encore qu'à l'ordinaire. Ces momens d'attendriſſement ſont d'autant plus périlleux pour la réſerve, qu'il me fournit lui-même les occaſions d'en manquer, & qu'il m'a cent fois tenu des propos qui ſembloient m'exciter à la confiance. Tôt ou tard il faudra que je lui ouvre mon cœur, je le ſens; mais puiſque tu veux que ce ſoit de concert entre nous, & avec toutes les précautions que la prudence autoriſe, reviens & fais de moins longues abſences; ou je ne réponds plus de rien.

Ma douce amie, il faut achever, & ce qui reſte importe aſſés pour me coûter le plus à dire. Tu ne m'es pas ſeulement néceſſaire quand je ſuis avec mes enfans ou avec mon mari, mais ſurtout quand je ſuis ſeule avec ta pauvre Julie, & la ſolitude m'eſt dangeuſe préciſément parce qu'elle m'eſt douce, & que ſouvent je la cherche ſans

ſans y ſonger. Ce n'eſt pas, tu le ſais, que mon cœur ſe reſſente encore de ſes anciennes bleſſures; non, il eſt guéri, je le ſens, j'en ſuis très ſûre, j'oſe me croire vertueuſe. Ce n'eſt point le préſent que je crains; c'eſt le paſſé qui me tourmente. Il eſt des ſouvenirs auſſi redoutables que le ſentiment actuel; on s'attendrit par reminiſcence; on a honte de ſe ſentir pleurer, & l'on n'en pleure que davantage. Ces larmes ſont de pitié, de regret, de repentir; l'amour n'y a plus de part; il ne m'eſt plus rien; mais je pleure les maux qu'il a cauſés; je pleure le ſort d'un homme eſtimable que des feux indiſcretement nourris ont privé du repos & peut-être de la vie. Hélas! ſans doute il a péri dans ce long & périlleux voyage que le deſeſpoir lui a fait entreprendre. S'il vivoit, du bout du monde il nous eut donné de ſes nouvelles; Près de quatre ans ſe ſont écoulés depuis ſon départ. On dit que l'eſcadre ſur laquelle il eſt a ſouffert mille desastres, qu'elle a perdu les trois quarts de ses équipages, que plusieurs vaisseaux sont sumergés, qu'on ne sait ce qu'est devenu le reste. Il n'est plus, il n'est plus. Un secret pressentiment me l'annonce. L'infortuné n'aura pas été plus épargné que tant d'autres. La mer, les maladies, la tristesse bien plus cruelle auront abrégé ses jours. Ainsi s'éteint tout ce qui brille un moment sur la terre. Il manquoit aux tourmens de ma conscience d'avoir à me reprocher la mort d'un honnête homme. Ah ma chere! Quelle ame c'étoit que la sienne! ..... comme il savoit aimer! .... il méritoit de vivre .... il aura présenté devant le souverain juge une ame foible, mais saine & aimant la vertu.... Je m'efforce en vain de chasser ces tristes idées; à chaque instant elles reviennent malgré moi. Pour les bannir, ou pour les regler, ton amie a besoin de tes soins; & puisque je ne puis oublier cet infortuné, j'aime mieux en causer avec toi que d'y penser toute seule. Re-

Regarde que de raiſons augmentent le beſoin continuel que j'ai de t'avoir avec moi! Plus ſage & plus heureuſe, ſi les mêmes raiſons te manquent, ton cœur ſent-il moins le même beſoin? S'il eſt bien vrai que tu ne veuilles point te remarier, ayant ſi peu de contentement de ta famille, quelle maiſon te peut mieux convenir que celle-ci? Pour moi, je ſouffre à te ſavoir dans la tienne; car malgré ta diſſimulation, je connois ta maniere d'y vivre, & ne ſuis point dupe de l'air folâtre que tu viens nous étaler à Clarens. Tu m'as bien reproché des défauts en ma vie; mais j'en ai un très-grand à te reprocher à ton tour; c'eſt que ta douleur eſt toujours concentrée & ſolitaire. Tu te caches pour t'affliger, comme ſi tu rougiſſois de pleurer devant ton amie. Claire, je n'aime pas cela. Je ne ſuis point injuſte comme toi; je ne blâme point tes regrets; je ne veux pas qu'au bout de deux ans, de dix, ni de toute ta vie, tu ceſſes d'hod'honorer la mémoire d'un ſi tendre époux; mais je te blâme, après avoir paſſé tes plus beaux jours à pleurer avec ta Julie, de lui dérober la douceur de pleurer à ſon tour avec toi, & de laver par de plus dignes larmes la honte de celles qu'elle verſa dans ton ſein. Si tu es fâchée de t'affliger, ah! tu ne connois pas la véritable affliction! ſi tu y prens une ſorte de plaiſir, pourquoi ne veux-tu pas que je le partage? Ignores-tu que la communication des cœurs imprime à la triſteſſe je ne ſais quoi de doux & de touchant que n'a pas le contentement? & l'amitié n'a-t-elle pas été ſpécialement donnée aux malheureux pour le ſoulagement de leurs maux & la conſolation de leurs peines?

Voila, ma chere, des conſidérations que tu devrois faire, & auxquelles il faut ajouter qu'en te propoſant de venir demeurer avec moi, je ne te parle pas moins au nom de mon mari qu'au mien. Il m'a paru pluſieurs fois ſurpris, preſque ſcan-

ſcandaliſé, que deux amies telles que nous n'habitaſſent pas enſemble; il aſſure te l'avoir dit à toi-même, & il n'eſt pas homme à parler inconſidérément. Je ne ſais quel parti tu prendras ſur mes répréſentations; j'ai lieu d'eſpérer qu'il ſera tel que je le deſire. Quoi qu'il en ſoit, le mien eſt pris & je n'en changerai pas. Je n'ai point oublié le tems où tu voulois me ſuivre en Angleterre. Amie incomparable, c'eſt à préſent mon tour. Tu connois mon averſion pour la ville, mon goût pour la campagne, pour les travaux ruſtiques, & l'attachement que trois ans de ſéjour m'ont donné pour ma maiſon de Clarens. Tu n'ignores pas, non plus, quel embarras c'eſt de déménager avec toute une famille, & combien ce ſeroit abuſer de la complaiſance de mon pere de le tranſplanter ſi ſouvent. Hébien, ſi tu ne veux pas quiter ton ménage & venir gouverner le mien, je ſuis réſolue à prendre une maiſon à Lauſanne où nous irons tous demeumeurer avec toi. Arrange-toi là-dessus; tout le veut; mon cœur, mon devoir, mon bonheur, mon honneur conservé, ma raison recouvrée, mon état, mon mari, mes enfans, moi-même, je te dois tout; tout ce que j'ai de bien me vient de toi, je ne vois rien qui ne m'y rapelle, & sans toi je ne suis rien. Vien donc, ma bien-aimée, mon ange tutelaire; vien conserver ton ouvrage, vien jouïr de tes bienfaits. N'ayons plus qu'une famille, comme nous n'avons qu'une ame pour la chérir; tu veilleras sur l'éducation de mes fils, je veillerai sur celle de ta fille: nous nous partagerons les devoirs de mere, & nous en doublerons les plaisirs. Nous éleverons nos cœurs ensemble à celui qui purifia le mien par tes soins, & n'ayant plus rien à desirer en ce monde nous attendrons en paix l'autre vie dans le sein de l'innocence & de l'amitié.

LETTRE II.

Réponſe.

MOn Dieu, Couſine, que ta lettre m'a donné de plaiſir ! Charmante prêcheuſe !.... charmante, en vérité. Mais prêcheuſe pourtant. Pérorant à ravir : des œuvres peu de nouvelles. L'architecte Athénien !.... ce beau diſeur !.... tu ſais bien .... dans ton vieux Plutarque .... Pompeuſes deſcriptions, ſuperbe temple ! .... quand il a tout dit, l'autre vient ; un homme uni ; l'air ſimple, grave & poſé .... comme qui diroit, ta Couſine Claire .... D'une voix creuſe, lente, & même un peu naſale .... *ce qu'il a dit, je le ferai.* Il ſe tait, & les mains de battre ! Adieu l'homme aux phraſes. Mon enfant, nous ſommes ces deux Architectes ; le temple dont il s'agit eſt celui de l'amitié.

Réſumons un peu les belles choſes que

tu

tu m'as dites. Premierement, que nous nous aimions; & puis que je t'étois nécessaire; & puis, que tu me l'étois aussi; & puis, qu'étant libres de passer nos jours ensemble, il les y faloit passer. Et tu as trouvé tout cela toute seule? Sans mentir tu es une éloquente personne! Oh bien, que je t'apprenne à quoi je m'occupois de mon côté, tandis que tu méditois cette sublime lettre. Après cela, tu jugeras toi-même lequel vaut le mieux de ce que tu dis, ou de ce que je fais.

A peine eus-je perdu mon mari que tu remplis le vuide qu'il avoit laissé dans mon cœur. De son vivant il en partageoit avec toi les affections; dès qu'il ne fut plus, je ne fus qu'à toi seule, & selon ta remarque sur l'accord de la tendresse maternelle & de l'amité, ma fille même n'étoit pour nous qu'un lien de plus. Non seulement, je résolus dès lors de passer le reste de ma vie avec toi; mais je formai un projet plus étendu. Pour que nos deux famil-

familles n'en fissent qu'une, je me proposai, supposant tous les rapports convenables, d'unir un jour ma fille à ton fils ainé, & ce nom de mari trouvé d'abord par plaisanterie me parut d'heureux augure pour le lui donner un jour tout de bon.

Dans ce dessein, je cherchai d'abord à lever les embarras d'une succession embrouillée, & me trouvant assés de bien pour sacrifier quelque chose à la liquidation du reste, je ne songeai qu'à mettre le partage de ma fille en effets assurés & à l'abri de tout procès. Tu sais que j'ai des fantaisies sur bien des choses : ma folie dans celle-ci étoit de te surprendre. Je m'étois mise en tête d'entrer un beau matin dans ta chambre, tenant d'une main mon enfant, de l'autre un portefeuille, & de te présenter l'un & l'autre avec un beau compliment pour déposer en tes mains la mere, la fille, & leur bien, c'est à dire, la dot de celle-ci. Gouverne-là, voulois-je te dire, comme il convient aux intérêts

de

de ton fils ; car c'eſt deſormais ſon affaire & la tienne ; pour moi je ne m'en mêle plus.

Remplie de cette charmante idée, il falut m'en ouvrir à quelqu'un qui m'aidât à l'exécuter. Or devine qui je choiſis pour cette confidence ? Un certain M. de Wolmar : ne le connoitrois-tu point ? Mon mari, Couſine ? Oui, ton mari, Couſine. Ce même homme à qui tu as tant de peine à cacher un ſecret qu'il lui importe de ne pas ſavoir, eſt celui qui t'en a ſu taire un qu'il t'eut été ſi doux d'apprendre. C'étoit-là le vrai ſujet de tous ces entretiens miſtérieux dont tu nous faiſois ſi comiquement la guerre. Tu vois comme ils ſont diſſimulés, ces maris. N'eſt-il pas bien plaiſant que ce ſoient eux qui nous accuſent de diſſimulation ? J'exigeois du tien davantage encore. Je voyois fort bien que tu méditois le même projet que moi, mais plus en dedans, & comme celle qui n'exhale ſes ſentimens qu'à meſure

ſure qu'on s'y livre. Cherchant donc à te ménager une ſurpriſe plus agréable, je voulois que quand tu lui propoſerois notre réunion, il ne parut pas fort approuver cet empreſſement, & ſe montrât un peu froid à conſentir. Il me fit là-deſſus une réponſe que j'ai retenue, & que tu dois bien retenir; car je doute que depuis qu'il y a des maris au monde aucun d'eux en ait fait une pareille. La voici. „ Petite Couſine, je connois Julie .... je la connois bien .... mieux qu'elle ne croit, peut-être. Son cœur eſt trop honnête pour qu'on doive reſiſter à rien de ce qu'elle déſire, & trop ſenſible pour qu'on le puiſſe ſans l'affliger. „ Depuis cinq ans que nous ſommes unis, je ne crois pas qu'elle ait reçu de moi le moindre chagrin; j'eſpere mourir ſans lui en avoir jamais fait aucun." Couſine, ſonges-y bien: voila quel eſt le mari dont tu médites ſans ceſſe de troubler indiſcretement le repos.

Pour

Pour moi, j'eus moins de délicatesse, ou plus de confiance en ta douceur, & j'éloignai si naturellement les discours auxquels ton cœur te ramenoit souvent, que ne pouvant taxer le mien de s'attiedir pour toi, tu t'allas mettre dans la tête que j'attendois de secondes noces, & que je t'aimois mieux que toute autre chose, hormis un mari. Car, vois-tu, ma pauvre enfant, tu n'as pas un secret mouvement qui m'échape. Je te devine, je te pénetre; je perce jusqu'au plus profond de ton ame, & c'est pour cela que je t'ai toujours adorée. Ce soupçon, qui te faisoit si heureusement prendre le change, m'a paru excellent à nourrir. Je me suis mise à faire la veuve coquette assés bien pour t'y tromper toi-même. C'est un rolle pour lequel le talent me manque moins que l'inclination. J'ai adroitement employé cet air agaçant que je ne sais pas mal prendre, & avec lequel je me suis quelquefois amusée à persiffler plus d'un jeune fat. Tu en en as été tout à fait la dupe, & m'as crue prette à chercher un ſucceſſeur à l'homme du monde auquel il étoit le moins aiſé d'en trouver. Mais je ſuis trop franche pour pouvoir me contrefaire longtems, & tu t'es bientôt raſſurée. Cependant, je veux te raſſurer encore mieux en t'expliquant mes vrais ſentimens ſur ce point.

Je te l'ai dit cent fois étant fille; je n'étois point faite pour être femme. S'il eut dépendu de moi, je ne me ſerois point mariée. Mais dans notre ſexe, on n'achette la liberté que par l'eſclavage, & il faut commencer par être ſervante pour devenir ſa maitreſſe un jour. Quoique mon pere ne me gênât pas, j'avois des chagrins dans ma famille. Pour m'en délivrer, j'épouſai donc M. d'Orbe. Il étoit ſi honnête homme & m'aimoit ſi tendrement que je l'aimai ſincerement à mon tour. L'expérience me donna du mariage une idée plus avantageuſe que celle que j'en avois conçue & détruiſit les impreſ-

 ſions

ſions que m'en avoit laiſſé la Chaillot. M. d'Orbe me rendit heureuſe & ne s'en repentit pas. Avec un autre j'aurois toujours rempli mes devoirs, mais je l'aurois déſolé, & je ſens qu'il faloit un auſſi bon mari pour faire de moi une bonne femme. Imaginerois-tu que c'eſt de cela même que j'avois à me plaindre? Mon enfant, nous nous aimions trop, nous n'étions point gais. Une amitié plus légere eût été plus folâtre; je l'aurois préférée, & je crois que j'aurois mieux aimé vivre moins contente & pouvoir rire plus ſouvent.

A cela ſe joignirent les ſujets particuliers d'inquiétude que me donnoit ta ſituation. Je n'ai pas beſoin de te rappeller les dangers que t'a fait courir une paſſion mal réglée. Je les vis en frémiſſant. Si tu n'avois riſqué que ta vie, peut-être un reſte de gaité ne m'eut-il pas tout à fait abandonnée: mais la triſteſſe & l'effroi pénétrerent mon ame, & jusqu'à ce que je t'aye vue mariée, je n'ai pas eu un moment

ment de pure joye. Tu connus ma douleur, tu la ſentis. Elle a beaucoup fait ſur ton bon cœur, & je ne ceſſerai de bénir ces heureuſes larmes qui ſont peut-être la cauſe de ton retour au bien.

Voila comment s'eſt paſſé tout le tems que j'ai vécu avec mon mari. Juge ſi depuis que Dieu me l'a ôté, je pourrois eſpérer d'en retrouver un autre qui fut autant ſelon mon cœur, & ſi je ſuis tentée de le chercher? Non, Couſine, le mariage eſt un état trop grave; ſa dignité ne va point avec mon humeur; elle m'attriſte & me ſied mal; ſans compter que toute gêne m'eſt inſupportable. Penſe, toi qui me connois, ce que peut être à mes yeux un lien dans lequel je n'ai pas ri durant ſept ans ſept petites fois à mon aiſe! Je ne veux pas faire comme toi la matrone à vingt huit ans. Je me trouve une petite veuve aſſés piquante, aſſés mariable encore, & je crois que ſi j'étois homme, je m'accomoderois aſſés de moi. Mais me remarier, Cousine! Ecoute; je pleure bien sincerement mon pauvre mari, j'aurois donné la moitié de ma vie pour passer l'autre avec lui; & pourtant, s'il pouvoit revenir, je ne le reprendrois, je crois, lui-même que parce que je l'avois déja pris.

Je viens de t'exposer mes véritables intentions. Si je n'ai pu les exécuter encore malgré les soins de M. de Wolmar, c'est que les difficultés semblent croitre avec mon zele à les surmonter. Mais mon zele sera le plus fort, & avant que l'été se passe, j'espere me réunir à toi pour le reste de nos jours.

Il reste à me justifier du reproche de te cacher mes peines, & d'aimer à pleurer loin de toi; je ne le nie pas, c'est à quoi j'employe ici le meilleur tems que j'y passe. Je n'entre jamais dans ma maison sans y retrouver des vestiges de celui qui me la rendoit chere. Je n'y fais pas un pas, je n'y fixe pas un objet sans appercevoir quel-

quelque ſigne de ſa tendreſſe & de la bonté de ſon cœur; voudrois-tu que le mien n'en fût pas ému? Quand je ſuis ici, je ne ſens que la perte que j'ai faite. Quand je ſuis près de toi, je ne vois que ce qui m'eſt reſté. Peux-tu me faire un crime de ton pouvoir ſur mon humeur? Si je pleure en ton abſence, & ſi je ris près de toi, d'où vient cette différence? Petite ingrate, c'eſt que tu me conſoles de tout, & que je ne ſais plus m'affliger de rien quand je te poſſede.

Tu as dit bien des choſes en faveur de notre ancienne amitié: mais je ne te pardonne pas d'oublier celle qui me fait le plus d'honneur; c'eſt de te chérir quoique tu m'éclipſes. Ma Julie, tu es faite pour regner. Ton empire eſt le plus abſolu que je connoiſſe. Il s'étend juſques ſur les volontés, & je l'éprouve plus que perſonne. Comment cela ſe fait-il, Couſine? Nous aimons toutes deux la vertu; l'honnêteté nous eſt également chere, nos talens ſont les mêmes; j'ai preſque autant d'eſprit que toi, & ne ſuis gueres moins jolie. Je ſais fort bien tout cela, & malgré tout cela tu m'en impoſes, tu me ſubjugues, tu m'atterres, ton génie écraſe le mien, & je ne ſuis rien devant toi. Lors même que tu vivois dans des liaiſons que tu te reprochois, & que n'ayant point imité ta faute j'aurois dû prendre l'aſcendant à mon tour, il ne te demeuroit pas moins. Ta foibleſſe que je blâmois me ſembloit preſque une vertu; je ne pouvois m'empêcher d'admirer en toi ce que j'aurois repris dans un autre. Enfin dans ce temslà même, je ne t'abordois point ſans un certain mouvement de reſpect involontaire, & il eſt ſûr que toute ta douceur, toute la familiarité de ton commerce étoit néceſſaire pour me rendre ton amie: naturellement, je devois être ta ſervante. Explique ſi tu peux cette énigme; quant à moi, je n'y entends rien.

Mais ſi fait pourtant, je l'entends un peu,

peu, & je crois même l'avoir autrefois expliquée. C'eſt que ton cœur vivifie tous ceux qui l'environnent & leur donne pour ainſi dire un nouvel être dont ils ſont forcés de lui faire hommage, puis qu'ils ne l'auroient point eu ſans lui. Je t'ai rendu d'importans ſervices, j'en conviens; tu m'en fais ſouvenir ſi ſouvent qu'il n'y a pas moyen de l'oublier. Je ne le nie point; ſans moi tu étois perdue. Mais qu'ai-je fait que te rendre ce que j'avois reçu de toi? Eſt-il poſſible de te voir longtems ſans ſe ſentir pénétrer l'ame des charmes de la vertu & des douceurs de l'amitié? Ne ſais-tu pas que tout ce qui t'approche eſt par toi-même armé pour ta deffenſe, & que je n'ai par deſſus les autres que l'avantage des gardes de Seſoſtris, d'être de ton âge & de ton ſexe, & d'avoir été élevée avec toi? Quoiqu'il en ſoit, Claire ſe conſole de valoir moins que Julie, en ce que ſans Julie elle vaudroit bien moins encore; & puis à te dire la vérité, je crois que nous avions grand besoin l'une de l'autre, & que chacune des deux y perdroit beaucoup si le sort nous eut séparées.

Ce qui me fâche le plus dans les affaires qui me retiennent encore ici, c'est le risque de ton secret, toujours prêt à s'échaper de ta bouche. Considere je t'en conjure que ce qui te porte à le garder est une raison forte & solide, & que ce qui te porte à le revéler n'est qu'un sentiment aveugle. Nos soupçons mêmes que ce secret n'en est plus un pour celui qu'il intéresse, nous sont une raison de plus pour ne le lui déclarer qu'avec la plus grande circonspection. Peut-être la reserve de ton mari est-elle un exemple & une leçon pour nous: car en de pareilles matieres il y a souvent une grande différence entre ce qu'on feint d'ignorer & ce qu'on est forcé de savoir. Attens donc, je l'exige, que nous en délibérions encore une fois. Si tes pressentimens étoient fondés & que ton

déplo-

déplorable ami ne fut plus, le meilleur parti qui reſteroit à prendre ſeroit de laiſſer ſon hiſtoire & tes malheurs enſévelis avec lui. S'il vit, comme je l'eſpere, le cas peut devenir différent; mais encore faut-il que ce cas ſe préſente. En tout état de cauſe crois-tu ne devoir aucun égard aux derniers conſeils d'un infortuné dont tous les maux ſont ton ouvrage?

A l'égard des dangers de la ſolitude, je conçois & j'aprouve tes allarmes, quoique je les ſache très mal fondées. Tes fautes paſſées te rendent craintive; j'en augure d'autant mieux du préſent, & tu le ſerois bien moins s'il te reſtoit plus de ſujet de l'être. Mais je ne puis te paſſer ton effroi ſur le ſort de notre pauvre ami. A préſent que tes affections ont changé d'eſpece, crois qu'il ne m'eſt pas moins cher qu'à toi. Cependant j'ai des preſſentimens tout contraires aux tiens, & mieux d'accord avec la raiſon. Milord Edouard a reçu deux fois de ſes nouvelles, & m'a écrit à la seconde qu'il étoit dans la mer du Sud, ayant déja passé les dangers dont tu parles. Tu sais cela aussi bien que moi & tu t'affliges comme si tu n'en savois rien. Mais ce que tu ne sais pas & qu'il faut t'apprendre, c'est que le vaisseau sur lequel il est a été vû il y a deux mois à la hauteur des Canaries, faisant voile en Europe. Voila ce qu'on écrit de Hollande à mon pere, & dont il n'a pas manqué de me faire part, selon sa coutume de m'instruire des affaires publiques beaucoup plus exactement que des siennes. Le cœur me dit, à moi, que nous ne serons pas longtems sans recevoir des nouvelles de notre philosophe, & que tu en seras pour tes larmes, à moins qu'après l'avoir pleuré mort, tu ne pleures de ce qu'il est en vie. Mais, Dieu-merci, tu n'en es plus là.

Deh! fosse or qui quel miser pur un poco,
Ch' è già di piangere e di viver lasso!

Voila ce que j'avois à te répondre. Cel-

le

le qui t'aime t'offre & partage la douce espérance d'une éternelle réunion. Tu vois que tu n'en as formé le projet ni seule ni la premiere, & que l'exécution en est plus avancée que tu ne pensois. Pren donc patience encore cet été, ma douce amie: il vaut mieux tarder à se rejoindre que d'avoir encore à se séparer.

Hébien, belle Madame, ai-je tenu parole, & mon triomphe est-il complet? Allons, qu'on se mette à genoux, qu'on baise avec respect cette lettre, & qu'on reconnoisse humblement qu'au moins une fois en la vie Julie de Wolmar a été vaincue en amitié (*).

(*) Que cette bonne Suissesse est heureuse d'être gaye quand elle est gaye, sans esprit, sans naïveté, sans finesse! Elle ne se doute pas des apprets qu'il faut parmi nous pour faire passer la bonne humeur. Elle ne sait pas qu'on n'a point cette bonne humeur pour soi mais pour les autres, & qu'on ne rit pas pour rire, mais pour être applaudi.

LETTRE III.

A Mad. d'Orbe.

MA Cousine, ma Bienfaitrice, mon amie; j'arrive des extrémités de la terre, & j'en raporte un cœur tout plein de vous. J'ai passé quatre fois la ligne; j'ai parcouru les deux hémispheres; j'ai vu les quatre parties du monde; j'en ai mis le diametre entre nous; j'ai fait le tour entier du globe & n'ai pu vous échaper un moment. On a beau fuir ce qui nous est cher, son image plus vîte que la mer & les vents nous suit au bout de l'univers, & partout où l'on se porte avec soi l'on y porte ce qui nous fait vivre. J'ai beaucoup souffert; j'ai vu souffrir davantage. Que d'infortunés j'ai vu mourir! Hélas, ils mettoient un si grand prix à la vie! & moi je leur ai survécu.... Peut-être étois-je en effet moins à plaindre; les miseres de de mes compagnons m'étoient plus ſenſibles que les miennes; je les voyois tout entiers à leurs peines; ils devoient ſouffrir plus que moi. Je me diſois; je ſuis mal ici, mais il eſt un coin ſur la terre où je ſuis heureux & paiſible, & je me dédomageois au bord du lac de Geneve de ce que j'endurois ſur l'Océan. J'ai le bonheur en arrivant de voir confirmer mes eſpérances, Milord Edouard m'apprend que vous jouïſſez toutes deux de la paix & de la ſanté, & que ſi vous, en particulier, avez perdu le doux titre d'epouſe, il vous reſte ceux d'amie & de mere, qui doivent ſuffire à votre bonheur.

Je ſuis trop preſſé de vous envoyer cette Lettre pour vous faire à préſent un détail de mon voyage. J'oſe eſpérer d'en avoir bientôt une occaſion plus comode. Je me contente ici de vous en donner une légere idée, plus pour exciter que pour ſatisfaire votre curioſité. J'ai mis près de quatre ans au trajet immenſe dont je viens de vous parler, & ſuis revenu dans le même vaiſſeau ſur lequel j'étois parti, le ſeul que le Commandant ait ramené de ſon eſcadre.

J'ai vû d'abord l'Amérique méridionale, ce vaſte continent que le manque de fer a ſoumis aux Européens, & dont ils ont fait un deſert pour s'en aſſurer l'empire. J'ai vû les côtes du Bréſil où Liſbonne & Londres puiſent leurs tréſors, & dont les peuples miſérables foulent aux pieds l'or & les diamans ſans oſer y porter la main. J'ai traverſé paiſiblement les mers orageuſes qui ſont ſous le cercle antarctique; j'ai trouvé, dans la mer pacifique les plus effroyables tempêtes:

E in mar dubbioſo ſotto ignoto polo
Provai l'onde fallaci, e 'l vento infido.

J'ai vû de loin le ſéjour de ces prétendus géants (*) qui ne ſont grands qu'en courage,

(*) Les Patagons.

rage, & dont l'indépendance eſt plus aſſurée par une vie ſimple & frugale que par une haute ſtature. J'ai ſéjourné trois mois dans une Iſle déſerte & délicieuſe, douce & touchante image de l'antique beauté de la nature, & qui ſemble être confinée au bout du monde pour y ſervir d'azile à l'innocence & à l'amour perſécutés : mais l'avide Européen ſuit ſon humeur farouche en empêchant l'Indien paiſible de l'habiter, & ſe rend juſtice en ne l'habitant pas lui-même.

J'ai vû ſur les rives du Mexique & du Pérou le même ſpectacle que dans le Bréſil : j'en ai vû les rares & infortunés habitans, triſtes reſtes de deux puiſſans peuples, accablés de fers d'opprobres & de miſeres au milieu de leurs riches métaux, reprocher au Ciel en pleurant les tréſors qu'il leur a prodigués. J'ai vû l'incendie affreux d'une ville entiere ſans réſiſtance & ſans deffenſeurs. Tel eſt le droit de la guerre parmi les Peuples ſavans humains

mains & polis de l'Europe. On ne se borne pas à faire à son ennemi tout le mal dont on peut tirer du profit; mais on compte pour un profit tout le mal qu'on peut lui faire à pure perte. J'ai co-toyé presque toute la partie occidentale de l'amérique; non sans être frapé d'admiration en voyant quinze cent lieues de côte & la plus grande mer du monde sous l'empire d'une seule puissance, qui tient pour ainsi dire en sa main les clefs d'un Hémisphere du globe.

Après avoir traversé la grande mer, j'ai trouvé dans l'autre continent un nouveau spectacle. J'ai vû la plus nombreuse & la plus illustre nation de l'Univers soumise à une poignée de brigands; j'ai vû de près ce peuple célebre, & n'ai plus été surpris de le trouver esclave. Autant de fois conquis qu'attaqué, il fut toujours en proye au premier venu, & le sera jusqu'à la fin des siecles. Je l'ai trouvé digne de son sort, n'ayant pas même le ſe courage d'en gémir. Lettré, lâche, hypocrite & charlatan; parlant beaucoup ſans rien dire, plein d'eſprit ſans aucun génie, abondant en ſignes & ſtérile en idées; poli, complimenteur, adroit, fourbe & fripon; qui met tous les devoirs en étiquetes, toute la morale en ſimagrées, & ne connoit d'autre humanité que les ſalutations & les révérences. J'ai ſurgi dans une ſeconde Iſle déſerte plus inconnue, plus charmante encore que la premiere, & où le plus cruel accident faillit à nous confiner pour jamais. Je fus le ſeul peut-être qu'un exil ſi doux n'épouvanta point; ne ſuis-je pas deſormais par tout en exil? J'ai vu dans ce lieu de délice & d'effroi ce que peut tenter l'induſtrie humaine pour tirer l'homme civiliſé d'une ſolitude où rien ne lui manque, & le replonger dans un gouffre de nouveaux beſoins.

J'ai vû dans le vaſte Océan où il devroit être ſi doux à des hommes d'en rencontrer d'autres deux grands vaiſſeaux ſe

cher

chercher, se trouver, s'attaquer, se battre avec fureur, comme si cet espace immense eut été trop petit pour chacun d'eux. Je les ai vû vomir l'un contre l'autre le fer & les flames. Dans un combat assés court j'ai vû l'image de l'enfer. J'ai entendu les cris de joye des vainqueurs couvrir les plaintes des blessés & les gémissemens des mourans. J'ai reçu en rougissant ma part d'un immense butin; je l'ai reçu, mais en dépot, & s'il fut pris sur des malheureux, c'est à des malheureux qu'il sera rendu.

J'ai vû l'Europe transportée à l'extrémité de l'Affrique, par les soins de ce peuple avare patient & laborieux qui a vaincu par le tems & la constance des difficultés que tout l'héroïsme des autres peuples n'a jamais pu surmonter. J'ai vû ces vastes & malheureuses contrées qui ne semblent destinées qu'à couvrir la terre de troupeaux d'esclaves. A leur vil aspect j'ai détourné les yeux de dédain d'hor-

reur

reur & de pitié, & voyant la quatrieme partie de mes semblables changée en bêtes pour le service des autres, j'ai gémi d'être homme.

Enfin j'ai vû dans mes compagnons de voyage un peuple intrépide & fier dont l'exemple & la liberté rétablissoient à mes yeux l'honneur de mon espece, pour lesquels la douleur & la mort ne sont rien, & qui ne craint au monde que la faim & l'ennui. J'ai vû dans leur chef un capitaine, un soldat, un pilote, un sage, un grand homme, & pour dire encore plus peut-être, le digne ami d'Edouard Bomston: Mais ce que je n'ai point vû dans le monde entier; c'est quelqu'un qui ressemble à Claire d'Orbe, à Julie d'Etange, & qui puisse consoler de leur perte un cœur qui sût les aimer.

Comment vous parler de ma guérison? C'est de vous que je dois apprendre à la connoitre. Reviens-je plus libre & plus sage que je ne suis parti? J'ose le croire

&

& ne puis l'affirmer. La même image regne toujours dans mon cœur; vous savez s'il est possible qu'elle s'en efface; mais son empire est plus digne d'elle, & si je ne me fais pas illusion elle regne dans ce cœur infortuné comme dans le votre. Oui, ma Cousine, il me semble que sa vertu m'a subjugué, que je ne suis pour elle que le meilleur & le plus tendre ami qui fut jamais, que je ne fais plus que l'adorer comme vous l'adorez vous-même; ou plutôt, il me semble que mes sentimens ne se sont pas affoiblis mais rectifiés, & avec quelque soin que je m'examine, je les trouve aussi purs que l'objet qui les inspire. Que puis-je vous dire de plus jusqu'à l'épreuve qui peut m'apprendre à juger de moi? Je suis sincere & vrai; je veux être ce que je dois être; mais comment répondre de mon cœur avec tant de raisons de m'en défier? Suis-je le maitre du passé? Peux-je empêcher que mille feux ne m'aient autrefois dévoré?

ré? Comment diſtinguerai-je par la ſeule imagination ce qui eſt de ce qui fut? & comment me répréſenterai-je amie celle que je ne vis jamais qu'amante? Quoique vous penſiez, peut-être, du motif ſecret de mon empreſſement, il eſt honnête & raiſonnable, il mérite que vous l'approuviez. Je réponds d'avance, au-moins de mes intentions. Souffrez que je vous voye & m'examinez vous-même, ou laiſſez-moi voir Julie & je ſaurai ce que je ſuis.

Je dois accompagner Milord Edouard en Italie. Je paſſerai près de vous, & je ne vous verrois point! Penſez-vous que cela ſe puiſſe? Eh! ſi vous aviez la barbarie de l'exiger vous mériteriez de n'être pas obéie! mais pourquoi l'exigeriez-vous? N'êtes-vous pas cette même Claire, auſſi bonne & compatiſſante que vertueuſe & ſage, qui daigna m'aimer dès ſa plus tendre jeuneſſe, & qui doit m'aimer bien plus encore, aujourd'hui que je lui

lui dois tout (*). Non, non chere & charmante amie, un ſi cruel refus ne ſeroit ni de vous ni fait pour moi, il ne mettra point le comble à ma miſere. Encore une fois, encore une fois en ma vie, je dépoſerai mon cœur à vos pieds. Je vous verrai, vous y conſentirez. Je la verrai, elle y conſentira. Vous connoiſſez trop bien toutes deux mon reſpect pour elle. Vous ſavez ſi je ſuis homme à m'offrir à ſes yeux en me ſentant indigne d'y paroitre. Elle a déploré ſi longtems l'ouvrage de ſes charmes, ah qu'elle voye une fois l'ouvrage de ſa vertu!

P. S. Milord Edouard eſt retenu pour quelque tems encore ici par des affaires; s'il m'eſt permis de vous voir, pourquoi ne prendrois-je pas les devants pour être plutôt auprès de vous?

(*) Que lui doit-il donc tant, à elle qui a fait les malheurs de ſa vie? Malheureux queſtionneur! Il lui doit l'honneur la vertu le repos de celle qu'il aime; il lui doit tout.

LETTRE IV.

De M. de Wolmar.

QUoique nous ne nous connoiſſions pas encore, je ſuis chargé de vous écrire. La plus ſage & la plus chérie des femmes vient d'ouvrir ſon cœur à ſon heureux époux. Il vous croit digne d'avoir été aimé d'elle, & il vous offre ſa maiſon. L'innocence & la paix y regnent; vous y trouverez l'amitié, l'hoſpitalité, l'eſtime, la confiance. Conſultez votre cœur, & s'il n'y a rien là qui vous effraye, venez ſans crainte. Vous ne partirez point d'ici ſans y laiſſer un ami.

Wolmar.

P. S. Venez, mon ami, nous vous attendons avec empreſſement. Je n'aurai pas la douleur que vous nous deviez un refus.

Julie.

LETTRE V.

De Mad^e. d'Orbe.

Et dans laquelle étoit incluse la précédente.

BIen arrivé ! cent fois le bien arrivé, cher St. Preux ; car je prétends que ce nom (*) vous demeure, au moins dans notre société. C'est, je crois, vous dire assés qu'on n'entend pas vous en exclurre, à moins que cette exclusion ne vienne de vous. En voyant par la Lettre ci-jointe que j'ai fait plus que vous ne me demandiez apprenez à prendre un peu plus de confiance en vos amis, & à ne plus reprocher à leur cœur des chagrins qu'ils partagent quand la raison les force à vous en donner. M. de Wolmar veut vous voir, il

(*) C'est celui qu'elle lui avoit donné devant ses gens à son précédent voyage. Voyez 3e. partie, Lettre XIV.

il vous offre sa maison, son amitié, ses conseils; il n'en faloit pas tant pour calmer toutes mes craintes sur votre voyage, & je m'offenserois moi-même si je pouvois un moment me défier de vous. Il fait plus, il prétend vous guérir, & dit que ni Julie ni lui ni vous ni moi, ne pouvons être parfaitement heureux sans cela. Quoique j'attende beaucoup de sa sagesse & plus de votre vertu, j'ignore quel sera le succès de cette entreprise. Ce que je sais bien, c'est qu'avec la femme qu'il a, le soin qu'il veut prendre est une pure générosité pour vous.

Venez donc, mon aimable ami, dans la sécurité d'un cœur honnête satisfaire l'empressement que nous avons tous de vous embrasser & de vous voir paisible & content; venez dans votre pays & parmi vos amis vous délasser de vos voyages & oublier tous les maux que vous avez soufferts. La derniere fois que vous me vites j'étois une grave matrone, & mon amie étoit à l'extrémité; mais à présent qu'elle se porte bien & que je suis redevenue fille, me voila tout aussi fole & presque aussi jolie qu'avant mon mariage. Ce qu'il y a du moins de bien sûr, c'est que je n'ai point changé pour vous, & que vous feriez bien des fois le tour du monde avant d'y trouver quelqu'un qui vous aimât comme moi.

LETTRE VI.

A Milord Edouard.

JE me leve au milieu de la nuit pour vous écrire. Je ne ſaurois trouver un moment de repos. Mon cœur agité, tranſporté, ne peut ſe contenir au dedans de moi; il a beſoin de s'épancher. Vous qui l'avez ſi ſouvent garanti du deſeſpoir, ſoyez le cher dépoſitaire des premiers plaiſirs qu'il ait goûtés depuis ſi longtems.

Je l'ai vue, Milord! mes yeux l'ont vue! J'ai entendu ſa voix; ſes mains ont touché les miennes; elle m'a reconnu; elle a marqué de la joye à me voir; elle m'a appellé ſon ami, ſon cher ami; elle m'a reçu dans ſa maiſon; plus heureux que je ne fus de ma vie je loge avec elle ſous un même toit, & maintenant que je vous écris, je ſuis à trente pas d'elle!

Mes idées ſont trop vives pour ſe ſuccéder ; elles ſe préſentent toutes enſemble ; elles ſe nuiſent mutuellement. Je vais m'arrêter & reprendre haleine, pour tâcher de mettre quelque ordre dans mon récit.

A peine après une ſi longue abſence m'étois-je livré près de vous aux premiers tranſports de mon cœur en embraſſant mon ami mon libérateur & mon pere, que vous ſongeâtes au voyage d'Italie. Vous me le fites deſirer dans l'eſpoir de m'y ſoulager enfin du fardeau de mon inutilité pour vous. Ne pouvant terminer ſitôt les affaires qui vous retenoient à Londres, vous me propoſâtes de partir le premier pour avoir plus de tems à vous attendre ici. Je demandai la permiſſion d'y venir ; je l'obtins, je partis, & quoique Julie s'offrit d'avance à mes regards, en ſongeant que j'allois m'approcher d'elle je ſentis du regret à m'éloigner de vous. Milord, nous ſommes quit-

quittes, ce ſeul ſentiment vous a tout payé.

Il ne faut pas vous dire que durant toute la route je n'étois occupé que de l'objet de mon voyage; mais une choſe à remarquer, c'eſt que je commençai de voir ſous un autre point de vue ce même objet qui n'étoit jamais ſorti de mon cœur. Juſques là je m'étois toujours rappellé Julie brillante comme autrefois des charmes de ſa premiere jeuneſſe. J'avois toujours vû ſes beaux yeux animés du feu qu'elle m'inſpiroit. Ses traits chéris n'offroient à mes regards que des garants de mon bonheur; ſon amour & le mien ſe mêloient tellement avec ſa figure que je ne pouvois les en ſéparer. Maintenant j'allois voir Julie mariée, Julie mere, Julie indifférente! Je m'inquietois des changemens que huit ans d'intervalle avoient pu faire à ſa beauté. Elle avoit eu la petite vérole; elle s'en trouvoit changée; à quel point le pouvoit elle être? Mon imagination me refuſoit opiniâtrement des taches ſur ce charmant viſage, & ſitôt que j'en voyois un marqué de petite vérole, ce n'étoit plus celui de Julie. Je penſois encore à l'entrevue que nous allions avoir, à la reception qu'elle m'alloit faire. Ce premier abord ſe préſentoit à mon eſprit ſous mille tableaux différens, & ce moment qui devoit paſſer ſi vîte, revenoit pour moi mille fois le jour.

Quand j'apperçûs la cime des monts le cœur me battit fortement, en me diſant, elle eſt là. La même choſe venoit de m'arriver en mer à la vue des côtes d'Europe. La même choſe m'étoit arrivée autrefois à Meillerie en découvrant la maiſon du Baron d'Etange. Le monde n'eſt jamais diviſé pour moi qu'en deux régions, celle où elle eſt, & celle où elle n'eſt pas. La premiere s'étend quand je m'éloigne, & ſe reſſerre à meſure que j'approche, comme un lieu où je ne dois jamais arriver. Elle eſt à préſent bornée aux murs de de sa chambre. Hélas! ce lieu seul est habité; tout le reste de l'univers est vuide.

Plus j'approchois de la Suisse, plus je me sentois ému. L'instant où, des hauteurs du Jura je découvris le lac de Geneve fut un instant d'extase & de ravissement. La vue de mon pays, de ce pays si chéri où des torrens de plaisirs avoient inondé mon cœur; l'air des Alpes si salutaire & si pur; le doux air de la patrie, plus suave que les parfums de l'orient; cette terre riche & fertile, ce paysage unique, le plus beau dont l'œil humain fut jamais frapé; ce séjour charmant auquel je n'avois rien trouvé d'égal dans le tour du monde; l'aspect d'un peuple heureux & libre; la douceur de la saison, la sérénité du Climat; mille souvenirs délicieux qui réveilloient tous les sentimens que j'avois goûtés; tout cela me jettoit dans des transports que je ne puis décrire, & sembloit me rendre à la fois la jouïssance de ma vie entiere.

En defcendant vers la côte, je fentis une impreffion nouvelle dont je n'avois aucune idée. C'étoit un certain mouvement d'effroi qui me refferroit le cœur & me troubloit malgré moi. Cet effroi, dont je ne pouvois démêler la caufe, croiffoit à mefure que j'approchois de la ville; il ralentiffoit mon empreffement d'arriver, & fit enfin de tels progrès que je m'inquiétois autant de ma diligence que j'avois fait jufques là de ma lenteur. En entrant à Vevai la fenfation que j'éprouvai ne fut rien moins qu'agréable. Je fus faifi d'une violente palpitation qui m'empêchoit de refpirer; je parlois d'une voix altérée & tremblante. J'eus peine à me faire entendre en demandant M. de Wolmar; car je n'ofai jamais nommer fa femme. On me dit qu'il demeuroit à Clarens. Cette nouvelle m'ôta de deffus la poitrine un poids de cinq cens livres, & prenant les deux lieues qui me reftoient à faire pour un répit, je me réjouis de ce qui

qui m'eut désolé dans un autre tems; mais j'appris avec un vrai chagrin que Made. d'Orbe étoit à Lausanne. J'entrai dans une auberge pour reprendre les forces qui me manquoient : il me fut impossible d'avaler un seul morceau; je suffoquois en buvant & ne pouvois vuider un verre qu'à plusieurs reprises. Ma terreur redoubla quand je vis mettre les chevaux pour repartir. Je crois que j'aurois donné tout au monde pous voir briser une roue en chemin. Je ne voyois plus Julie; mon imagination troublée ne me présentoit que des objets confus; mon ame étoit dans un tumulte universel. Je connoissois la douleur & le desespoir; je les aurois préférés à cet horrible état. Enfin, je puis dire n'avoir de ma vie éprouvé d'agitation plus cruelle que celle où je me trouvai durant ce court trajet, & je suis convaincu que je ne l'aurois pu supporter une journée entiere.

En arrivant, je fis arrêter à la grille,

& me ſentant hors d'état de faire un pas, j'envoyai le poſtillon dire qu'un étranger demandoit à parler à M. de Wolmar. Il étoit à la promenade avec ſa femme. On les avertit, & ils vinrent par un autre côté, tandis que, les yeux fichés ſur l'avenue, j'attendois dans des tranſes mortelles d'y voir paroître quelqu'un.

A peine Julie m'eut-elle apperçu qu'elle me reconnût. A l'inſtant, me voir, s'écrier, courir, s'élancer dans mes bras ne fut pour elle qu'une même choſe. A ce ſon de voix je me ſens treſſaillir; je me retourne, je la vois, je la ſens. O Milord! ô mon ami! ... je ne puis parler.... Adieu crainte, adieu terreur, effroi, reſpect humain. Son regard, ſon cri, ſon geſte, me rendent en un moment la confiance le courage & les forces. Je puiſe dans ſes bras la chaleur & la vie; je petille de joye en la ſerrant dans les miens. Un tranſport ſacré nous tient dans un long ſilence étroitement embraſ-

H. Gravelot inv. P.P. Choffard Sculp. 1761.

La confiance des belles ames.

braſſés, & ce n'eſt qu'après un ſi doux ſaiſiſſement que nos voix commencent à ſe confondre, & nos yeux à mêler leurs pleurs. M. de Wolmar étoit là; je le ſavois, je le voyois; mais qu'aurois-je pu voir? Non, quand l'univers entier ſe fut réuni contre moi, quand l'appareil des tourmens m'eut environné, je n'aurois pas dérobé mon cœur à la moindre de ces careſſes, tendres prémices d'une amitié pure & ſainte que nous emporterons dans le Ciel!

Cette premiere impétuoſité ſuſpendue, Mad^e^. de Wolmar me prit par la main, & ſe retournant vers ſon mari, lui dit avec une certaine grace d'innocence & de candeur dont je me ſentis pénétré; quoiqu'il ſoit mon ancien ami, je ne vous le préſente pas, je le reçois de vous, & ce n'eſt qu'honoré de votre amitié qu'il aura deſormais la mienne. Si les nouveaux amis ont moins d'ardeur que les anciens, me dit-il en m'embraſſant, ils ſeront an-

 ciens

ciens à leur tour, & ne céderont point aux autres. Je reçus ses embrassemens; mais mon cœur venoit de s'épuiser, & je ne fis que les recevoir.

Après cette courte scene, j'observai du coin de l'œil qu'on avoit détaché ma malle & remisé ma chaise. Julie me prit sous le bras, & je m'avançai avec eux vers la maison, presque oppressé d'aise de voir qu'on y prenoit possession de moi.

Ce fut alors qu'en contemplant plus paisiblement ce visage adoré que j'avois cru trouver enlaidi, je vis avec une surprise amere & douce qu'elle étoit réellement plus belle & plus brillante que jamais. Ses traits charmans se sont mieux formés encore; elle a pris un peu plus d'embonpoint, qui ne fait qu'ajoûter à son éblouïssante blancheur. La petite vérole n'a laissé sur ses joues que quelques legeres traces presque imperceptibles. Au lieu de cette pudeur souffrante qui lui faisoit autrefois sans cesse baisser les yeux, on voit la sécurité

curité de la vertu s'allier dans ſon chaſte regard à la douceur & à la ſenſibilité; ſa contenance, non moins modeſte eſt moins timide; un air plus libre & des graces plus franches ont ſuccédé à ces manieres contraintes mélées de tendreſſe & de honte; & ſi le ſentiment de ſa faute la rendoit alors plus touchante, celui de ſa pureté la rend aujourd'hui plus céleſte.

A peine étions-nous dans le ſalon qu'elle diſparut, & rentra le moment d'après. Elle n'étoit pas ſeule. Qui penſez-vous qu'elle amenoit avec elle? Milord, c'étoient ſes enfans! ſes deux enfans plus beaux que le jour, & portant déja ſur leur phyſionomie enfantine le charme & l'attrait de leur mere. Que devins-je à cet aſpect? Cela ne peut ni ſe dire ni ſe comprendre; il faut le ſentir. Mille mouvemens contraires m'aſſaillirent à la fois. Mille cruels & délicieux ſouvenirs vinrent partager mon cœur. O ſpectacle! ô regrets! Je me ſentois déchirer de douleur & tranſporter

 de

de joye. Je voyois, pour ainsi dire, multiplier celle qui me fut si chere. Hélas! je prévoyois au même instant la trop vive preuve qu'elle ne m'étoit plus rien, & mes pertes sembloient se multiplier avec elle.

Elle me les amena par la main. Tenez, me dit-elle d'un ton qui me perça l'ame, voila les enfans de votre amie; ils seront vos amis un jour. Soyez le leur dès aujourd'hui. Aussi-tôt ces deux petites créatures s'empresserent autour de moi, me prirent les mains, & m'accablant de leurs innocentes carresses tournerent vers l'attendrissement toute mon émotion. Je les pris dans mes bras l'un & l'autre, & les pressant contre ce cœur agité; chers & aimables enfans, dis-je avec un soupir, vous avez à remplir une grande tâche. Puissiez-vous ressembler à ceux de qui vous tenez la vie; puissiez-vous imiter leurs vertus, & faire un jour par les vôtres la consolation de leurs amis infortunés. Mad^e. de Wolmar enchantée me sauta au

cou

cou une seconde fois & sembloit me vouloir payer par ses caresses de celles que je faisois à ses deux fils. Mais quelle différence du premier embrassement à celui-là! Je l'éprouvai avec surprise. C'étoit une mere de famille que j'embrassois; je la voyois environnée de son Epoux & de ses enfans; ce cortege m'en imposoit. Je trouvois sur son visage un air de dignité qui ne m'avoit pas frapé d'abord; je me sentois forcé de lui porter une nouvelle sorte de respect; sa familiarité m'étoit presque à charge; quelque belle qu'elle me parut j'aurois baisé le bord de sa robe de meilleur cœur que sa joue: Dès cet instant, en un mot, je connus qu'elle ou moi n'étions plus les mêmes, & je commençai tout de bon à bien augurer de moi.

M. de Wolmar me prenant par la main me conduisit ensuite au logement qui m'étoit destiné. Voila, me dit-il en y entrant, votre appartement; il n'est point celui d'un étranger, il ne sera plus celui d'un autre, & desormais il restera vuide ou occupé par vous. Jugez si ce compliment me fut agréable! mais je ne le méritois pas encore assés pour l'écouter sans confusion. M. de Wolmar me sauva l'embarras d'une réponse. Il m'invita à faire un tour de jardin. Là il fit si bien que je me trouvai plus à mon aise, & prenant le ton d'un homme instruit de mes anciennes erreurs, mais plein de confiance dans ma droiture, il me parla comme un pere à son enfant, & me mit à force d'estime dans l'impossibilité de la démentir. Non, Milord, il ne s'est pas trompé; je n'oublierai point que j'ai la sienne & la votre à justifier. Mais pourquoi faut-il que mon cœur se resserre à ses bienfaits? Pourquoi faut-il qu'un homme que je dois aimer soit le mari de Julie?

Cette journée sembloit destinée à tous les genres d'épreuves que je pouvois subir. Revenus auprès de Mad^e^. de Wolmar, son

ſon mari fut appellé pour quelque ordre à donner, & je reſtai ſeul avec elle.

Je me trouvai alors dans un nouvel embarras, le plus pénible & le moins prévu de tous. Que lui dire? comment débuter? Oſerois-je rappeller nos anciennes liaiſons, & des tems ſi préſens à ma mémoire? Laiſſerois-je penſer que je les euſſe oubliés ou que je ne m'en ſouciaſſe plus? Quel ſupplice de traitter en étrangere celle qu'on porte au fond de ſon cœur! Quelle infamie d'abuſer de l'hoſpitalité pour lui tenir des diſcours qu'elle ne doit plus entendre! Dans ces perplexités je perdois toute contenance; le feu me montoit au viſage; je n'oſois ni parler, ni lever les yeux, ni faire le moindre geſte, & je crois que je ſerois reſté dans cet état violent juſqu'au retour de ſon mari, ſi elle ne m'en eut tiré. Pour elle, il ne parût pas que ce tête-à-tête l'eut gênée en rien. Elle conſerva le même maintien & les mêmes manieres qu'elle avoit auparavant; elle continua de me parler ſur le même ton; ſeulement, je crus voir qu'elle eſſayoit d'y mettre encore plus de gaité & de liberté, jointe à un regard, non timide ni tendre, mais doux & affectueux, comme pour m'encourager à me raſſurer & à ſortir d'une contrainte qu'elle ne pouvoit manquer d'appercevoir.

Elle me parla de mes longs voyages: elle vouloit en ſavoir les détails; ceux, ſurtout, des dangers que j'avois courus, des maux que j'avois endurés; car elle n'ignoroit pas, diſoit-elle, que ſon amitié m'en devoit le dédomagement. Ah Julie! lui dis-je avec triſteſſe, il n'y a qu'un moment que je ſuis avec vous; voulez-vous déja me renvoyer aux Indes? Non pas, dit-elle en riant, mais j'y veux aller à mon tour.

Je lui dis que je vous avois donné une rélation de mon voyage, dont je lui apportois une copie. Alors elle me demanda de vos nouvelles avec empreſſement. Je

lui

lui parlai de vous, & ne pus le faire sans lui retracer les peines que j'avois souffertes & celles que je vous avois données. Elle en fut touchée; elle commença d'un ton plus sérieux à entrer dans sa propre justification, & à me montrer qu'elle avoit dû faire tout ce qu'elle avoit fait. M. de Wolmar rentra au milieu de son discours, & ce qui me confondit, c'est qu'elle le continua en sa présence exactement comme s'il n'y eut pas été. Il ne pût s'empêcher de sourire en démêlant mon étonnement. Après qu'elle eut fini, il me dit; vous voyez un exemple de la franchise qui regne ici. Si vous voulez sincerement être vertueux, aprenez à l'imiter: c'est la seule priere & la seule leçon que j'aye à vous faire. Le premier pas vers le vice est de mettre du mistere aux actions innocentes, & quiconque aime à se cacher a tôt ou tard raison de se cacher. Un seul précepte de morale peut tenir lieu de tous les autres; c'est celui-ci: Ne fais ni ne

dis

dis jamais rien que tu ne veuilles que tout le monde voye & entende; & pour moi, j'ai toujours regardé comme le plus estimable des hommes ce Romain qui vouloit que sa maison fut construite de maniere qu'on vit tout ce qui s'y faisoit.

J'ai, continua-t-il, deux partis à vous proposer. Choisissez librement celui qui vous conviendra le mieux; mais choisissez l'un ou l'autre. Alors prenant la main de sa femme & la mienne, il me dit en la serrant; notre amitié commence, en voici le cher lien, qu'elle soit indissoluble. Embrassez votre sœur & votre amie; traittez-la toujours comme telle; plus vous serez familier avec elle, mieux je penserai de vous. Mais vivez dans le tête-à-tête, comme si j'étois présent, ou devant moi comme si je n'y étois pas; voila tout ce que je vous demande. Si vous préferez le dernier parti, vous le pouvez sans inquiétude; car comme je me reserve le droit de vous avertir de tout ce qui me dé-

déplaira, tant que je ne dirai rien, vous ſerez ſûr de ne m'avoir point déplu.

Il y avoit deux heures que ce diſcours m'auroit fort embarraſſé ; mais M. de Wolmar commençoit à prendre une ſi grande autorité ſur moi que j'y étois déja preſque accoutumé. Nous recommençames à cauſer paiſiblement tous trois, & chaque fois que je parlois à Julie, je ne manquois point de l'appeller *Madame*. Parlez-moi franchement, dit enfin ſon mari en m'interrompant ; dans l'entretien de tout à l'heure diſiez-vous *Madame*? Non, dis-je un peu déconcerté ; mais la bienſéance... la bienſéance, reprit-il, n'eſt que le maſque du vice ; où la vertu regne, elle eſt inutile ; je n'en veux point. Appellez ma femme *Julie* en ma préſence, ou *Madame* en particulier ; cela m'eſt indifférent. Je commençai de connoitre alors à quel homme j'avois à faire, & je réſolus bien de tenir toujours mon cœur en état d'être vû de lui.

Mon

Mon corps épuisé de fatigue avoit grand besoin de nourriture, & mon esprit de repos; je trouvai l'un & l'autre à table. Après tant d'années d'absence & de douleurs, après de si longues courses, je me disois dans une sorte de ravissement, je suis avec Julie, je la vois, je lui parle; je suis à table avec elle, elle me voit sans inquiétude, elle me reçoit sans crainte; rien ne trouble le plaisir que nous avons d'être ensemble. Douce & précieuse innocence, je n'avois point goûté tes charmes, & ce n'est que d'aujourd'hui que je commence d'exister sans souffrir!

Le soir en me retirant je passai devant la chambre des maitres de la maison; je les y vis entrer ensemble; je gagnai tristement la mienne, & ce moment ne fut pas pour moi le plus agréable de la journée.

Voila, Milord, comment s'est passée cette premiere entrevue, desirée si passionnénément, & si cruellement rédoutée. J'ai tâché de me recueillir depuis que je suis seul; je me suis efforcé de sonder mon cœur; mais l'agitation de la journée précédente s'y prolonge encore, & il m'est impossible de juger sitôt de mon véritable état. Tout ce que je sais très certainement c'est que si mes sentimens pour elle n'ont pas changé d'espèce, ils ont au moins bien changé de forme, que j'aspire toujours à voir un tiers entre nous, & que je crains autant le tête-à-tête que je le desirois autrefois.

Je compte aller dans deux ou trois jours à Lausanne. Je n'ai vu Julie encore qu'à demi quand je n'ai pas vû sa cousine; cette aimable & chere amie à qui je dois tant, qui partagera sans cesse avec vous mon amitié, mes soins, ma reconnoissance, & tous les sentimens dont mon cœur est resté le maitre. A mon retour je ne tarderai pas à vous en dire davantage. J'ai besoin de vos avis & je veux m'observer

de

de près. Je ſais mon devoir & le remplirai. Quelque doux qu'il me ſoit d'habiter cette maiſon ; je l'ai réſolu, je le jure ; ſi je m'apperçois jamais que je m'y plais trop, j'en ſortirai dans l'inſtant.

LETTRE VII.

De Mad^e^. de Wolmar à Mad^e^. d'Orbe.

SI tu nous avois accordé le délai que nous te demandions, tu aurois eu le plaisir avant ton départ d'embrasser ton protégé. Il arriva avant-hier & vouloit t'aller voir aujourd'hui; mais une espece de courbature, fruit de la fatigue & du voyage, le retient dans sa chambre, & il a été saigné (*) ce matin. D'ailleurs, j'avois bien résolu, pour te punir, de ne le pas laisser partir sitôt, & tu n'as qu'à le venir voir ici, ou je te promets que tu ne le verras de longtems. Vraiment cela seroit bien imaginé qu'il vit séparément les inséparables!

En

(*) Pourquoi saigné? Est-ce aussi la mode en Suisse?

En vérité, ma Cousine, je ne sais quelles vaines terreurs m'avoient fasciné l'esprit sur ce voyage, & j'ai honte de m'y être opposée avec tant d'obstination. Plus je craignois de le revoir, plus je serois fachée aujourd'hui de ne l'avoir pas vû; car sa présence a détruit des craintes qui m'inquétoient encore, & qui pouvoient devenir légitimes à force de m'occuper de lui. Loin que l'attachement que je sens pour lui m'effraye, je crois que s'il m'étoit moins cher je me défierois plus de moi ; mais je l'aime aussi tendrement que jamais, sans l'aimer de la même maniere. C'est de la comparaison de ce que j'éprouve à sa vue & de ce que j'éprouvois jadis que je tire la sécurité de mon état présent, & dans des sentimens si divers la différence se fait sentir à proportion de leur vivacité.

Quant à lui, quoique je l'aye reconnu du premier instant, je l'ai trouvé fort changé, &, ce qu'autrefois je n'aurois

rois guere imaginé possible, à bien des égards il me paroit changé en mieux. Le premier jour, il donna quelques signes d'embarras, & j'eus moi-même bien de la peine à lui cacher le mien. Mais il ne tarda pas à prendre le ton ferme & l'air ouvert qui convient à son caractere. Je l'avois toujours vu timide & craintif; la frayeur de me déplaire & peut-être la sécrette honte d'un rolle peu digne d'un honnête homme, lui donnoient devant moi je ne sais quelle contenance servile & basse dont tu t'es plus d'une fois moquée avec raison. Au lieu de la soumission d'un esclave, il a maintenant le respect d'un ami qui sait honorer ce qu'il estime, il tient avec assurance des propos honnêtes; il n'a pas peur que ses maximes de vertu contrarient ses intérêts; il ne craint ni de se faire tort ni de me faire affront en louant les choses louables, & l'on sent dans tout ce qu'il dit la confiance d'un homme droit & sûr de lui-même, qui tire de son propre cœur l'approbation qu'il ne cherchoit autrefois que dans mes regards. Je trouve aussi que l'usage du monde & l'expérience lui ont ôté ce ton dogmatique & tranchant qu'on prend dans le cabinet, qu'il est moins prompt à juger les hommes depuis qu'il en a beaucoup observé, moins pressé d'établir des propositions universelles depuis qu'il a tant vu d'exceptions, & qu'en général l'amour de la vérité l'a gueri de l'esprit de sistêmes; de sorte qu'il est devenu moins brillant & plus raisonnable, & qu'on s'instruit beaucoup mieux avec lui depuis qu'il n'est plus si savant.

Sa figure est changée aussi & n'est pas moins bien; sa démarche est plus assurée; sa contenance est plus libre; son port est plus fier, il a rapporté de ses campagnes un certain air martial qui lui sied d'autant mieux, que son geste, vif & prompt quand il s'anime, est d'ailleurs plus grave & plus posé qu'autrefois. C'est un marin dont l'atl'attitude eſt flegmatique & froide, & le parler bouillant & impétueux. A trente ans paſſés, ſon viſage eſt celui de l'homme dans ſa perfection & joint au feu de la jeuneſſe la majeſté de l'âge mur. Son teint n'eſt pas reconnoiſſable ; il eſt noir comme un more, & de plus fort marqué de la petite vérole. Ma chere, il te faut tout dire: ces marques me font quelque peine à regarder, & je me ſurprends ſouvent à les regarder malgré moi.

Je crois m'appercevoir que ſi je l'examine, il n'eſt pas moins attentif à m'examiner. Après une ſi longue abſence, il eſt naturel de ſe conſidérer mutuellement avec une ſorte de curioſité ; mais ſi cette curioſité ſemble tenir de l'ancien empreſſement, quelle différence dans la maniere auſſi bien que dans le motif! Si nos regards ſe rencontrent moins ſouvent, nous nous regardons avec plus de liberté. Il ſemble que nous ayons une convention tacite pour nous conſidérer alternativement. Chacun ſent, pour ainſi dire, quand c'eſt le tour de l'autre & détourne les yeux à ſon tour. Peut-on revoir ſans plaiſir quoique l'émotion n'y ſoit plus, ce qu'on aima ſi tendrement autrefois, & qu'on aime ſi purement aujourd'hui? Qui ſait ſi l'amour propre ne cherche point à juſtifier les erreurs paſſées? Qui ſait ſi chacun des deux quand la paſſion ceſſe de l'aveugler n'aime point encore à ſe dire; je n'avois pas trop mal choiſi? Quoiqu'il en ſoit, je te le repete ſans honte, je conſerve pour lui des ſentimes très doux qui dureront autant que ma vie. Loin de me reprocher ces ſentimens je m'en applaudis; je rougirois de ne les avoir pas, comme d'un vice de caractere & de la marque d'un mauvais cœur. Quant à lui, j'oſe croire qu'après la vertu, je ſuis ce qu'il aime le mieux au monde. Je ſens qu'il s'honore de mon eſtime; je m'honore à mon tour de la ſienne & mériterai de la conſerver. Ah! ſi tu voyois avec quel-

le

le tendresse il caresse mes enfans, si tu savois quel plaisir il prend à parler de toi; Cousine, tu connoitrois que je lui suis encore chere!

Ce qui redouble ma confiance dans l'opinion que nous avons toutes deux de lui, c'est que M. de Wolmar la partage, & qu'il en pense par lui-même depuis qu'il l'a vu tout le bien que nous lui en avions dit. Il m'en a beaucoup parlé ces deux soirs, en se félicitant du parti qu'il a pris & me faisant la guerre de ma résistance. Non, me disoit-il hier, nous ne laisserons point un si honnête homme en doute sur lui-même; nous lui apprendrons à mieux compter sur sa vertu, & peut-être un jour jouirons-nous avec plus d'avantage que vous ne pensez du fruit des soins que nous allons prendre. Quant à présent, je commence déja par vous dire que son caractere me plait, & que je l'estime surtout par un côté dont il ne se doute gueres, savoir la froideur qu'il a vis-à-vis de moi. Moins il me témoigne d'amitié, plus il m'en inſpire; je ne ſaurois vous dire combien je craignois d'en être careſſé. C'étoit la premiere épreuve que je lui deſtinois; il doit s'en préſenter une ſeconde (*) ſur laquelle je l'obſerverai; après quoi je ne l'obſerverai plus. Pour celle-ci, lui dis-je, elle ne prouve autre choſe que la franchiſe de ſon caractere: Car jamais il ne put ſe réſoudre autrefois à prendre un air ſoumis & complaiſant avec mon pere, qu'oi qu'il y eut un ſi grand intérêt & que je l'en euſſe inſtamment prié. Je vis avec douleur qu'il s'ôtoit cette unique reſſource & ne pus lui ſavoir mauvais gré de ne pouvoir être faux en rien. Le cas eſt bien différent, reprit mon mari; il y a entre votre pere & lui une antipathie naturelle fondée ſur l'op-

(*) La lettre où il étoit queſtion de cette ſeconde épreuve a été ſupprimée; mais j'aurai ſoin d'en parler dans l'occaſion.

l'oppofition de leurs maximes. Quant à moi qui n'ai ni fiftêmes ni préjugés, je fuis fûr qu'il ne me hait point naturellement. Aucun homme ne me hait ; un homme fans paffion ne peut infpirer d'averfion à perfonne : Mais je lui ai ravi fon bien, il ne me le pardonnera pas fitôt. Il ne m'en aimera que plus tendrement, quand il fera parfaitement convaincu que le mal que je lui ai fait ne m'empêche pas de le voir de bon œil. S'il me careffoit à préfent il feroit un fourbe ; s'il ne me careffoit jamais il feroit un monftre.

Voila, ma Claire, à quoi nous en fommes, & je commence à croire que le ciel bénira la droiture de nos cœurs & les intentions bienfaifantes de mon mari. Mais je fuis bien bonne d'entrer dans tous ces détails : tu ne mérite pas que j'aye tant de plaifir à m'entretenir avec toi ; j'ai réfolu de ne te plus rien dire, & fi tu veux en favoir davantage, viens l'apprendre.

P. S. Il faut pourtant que je te dise encore ce qui vient de se passer au sujet de cette Lettre. Tu sais avec quelle indulgence M. de Wolmar reçut l'aveu tardif que ce retour imprévû me força de lui faire. Tu vis avec quelle douceur il sût essuyer mes pleurs & dissiper ma honte. Soit que je ne lui eusse rien appris, comme tu l'as assés raisonnablement conjecturé, soit qu'en effet il fut touché d'une démarche qui ne pouvoit être dictée que par le repentir; non seulement il a continué de vivre avec moi comme auparavant, mais il semble avoir redoublé de soins, de confiance, d'estime, & vouloir me dédomager à force d'égards de la confusion que cet aveu m'a coûtée. Ma Cousine, tu connois mon cœur; juge de l'impression qu'y fait une pareille conduite! Sitôt que je le vis résolu à laisser venir notre ancien maitre, je résolus de

mon

mon côté de prendre contre moi la meilleure précaution que je pusse employer; ce fut de choisir mon Mari même pour mon confident, de n'avoir aucun entretien particulier qui ne lui fut raporté, & de n'écrire aucune lettre qui ne lui fut montrée. Je m'imposai même d'écrire chaque Lettre comme s'il ne la devoit point voir, & de la lui montrer ensuite. Tu trouveras un article dans celle-ci qui m'est venu de cette maniere, & si je n'ai pu m'empêcher en l'écrivant, de songer qu'il le verroit, je me rends le témoignage que cela ne m'y a pas fait changer un mot; mais quand j'ai voulu lui porter ma Lettre il s'est moqué de moi, & n'a pas eu la complaisance de la lire.

Je t'avoue que j'ai été un peu piquée de ce refus, comme s'il s'étoit défié de ma bonne foi. Ce mouvement ne lui a pas échapé: le plus franc

& le plus généreux des hommes m'a bientôt rassurée. Avouez, m'a-t-il dit, que dans cettre Lettre vous avez moins parlé de moi qu'à l'ordinaire. J'en suis convenue; étoit-il séant d'en beaucoup parler pour lui montrer ce que j'en aurois dit? Hébien, a-t-il repris en souriant, j'aime mieux que vous parliez de moi davantage & ne point savoir ce que vous en direz. Puis il a poursuivi d'un ton plus sérieux; le mariage est un état trop austere & trop grave pour supporter toutes les petites ouvertures de cœur qu'admet la tendre amitié. Ce dernier lien tempere quelquefois à propos l'extrême sévérité de l'autre, & il est bon qu'une femme honnête & sage puisse chercher auprès d'une fidelle amie les consolations, les lumieres, & les conseils qu'elle n'oseroit demander à son mari sur certaines matieres. Quoique vous ne ne disiez jamais rien entre vous dont vous n'aimassiez à m'instruire, gardez-vous de vous en faire une loi, de peur que ce devoir ne devienne une gêne, & que vos confidences n'en soient moins douces en devenant plus étendues. Croyez-moi, les épanchemens de l'amitié se retiennent devant un témoin quel qu'il soit. Il y a mille secrets que trois amis doivent savoir & qu'ils ne peuvent se dire que deux à deux. Vous communiquez bien les mêmes choses à votre amie & à votre époux, mais non pas de la même maniere; & si vous voulez tout confondre, il arrivera que vos Lettrez seront écrites plus à moi qu'à elle, & que vous ne serez à votre aise ni avec l'un ni avec l'autre. C'est pour mon intérêt autant que pour le votre que je vous parle ainsi. Ne voyez vous pas que vous craignez déja la juste honte de me louer en ma présence? Pourquoi voulez-vous nous ôter, à vous, le plaisir de dire à votre amie combien votre mari vous est cher, à moi celui de penser que dans vos plus secrets entretiens vous aimez à parler bien de lui. Julie! Julie! a-t-il ajouté en me serrant la main, & me regardant avec bonté; vous abbaisserez-vous à des précautions si peu dignes de ce que vous êtes, & n'apprendrez-vous jamais à vous estimer votre prix?

Ma chere amie, j'aurois peine à dire comment s'y prend cet homme incomparable; mais je ne sais plus rougir de moi devant lui. Malgré que j'en aye il m'éleve au dessus de moi-même, & je sens qu'à force de confiance il m'apprend à la mériter.

LETTRE VIII.

Réponse.

COmment, Cousine! notre voyageur est arrivé, & je ne l'ai pas vû encore à mes pieds chargé des dépouilles de l'Amérique? Ce n'est pas lui, je t'en avertis, que j'accuse de ce délai; car je sais qu'il lui dure autant qu'à moi: mais je vois qu'il n'a pas aussi bien oublié que tu dis son ancien métier d'esclave, & je me plains moins de sa négligence que de ta tirannie. Je te trouve aussi fort bonne de vouloir qu'une prude grave & formaliste comme moi fasse les avances, & que toute affaire cessante, je coure baiser un visage noir & crotu, (*) qui a passé quatre fois sous le soleil & vû le pays des épices! Mais

(*) Marqué de petite vérole. Terme du pays.

Mais tu me fais rire ſurtout quand tu te preſſes de gronder de peur que je ne gronde la premiere. Je voudrois bien ſavoir dequoi tu te mêles? C'eſt mon métier de quereller; j'y prends plaiſir, je m'en acquite à merveilles, & cela me va très bien: mais toi, tu y es gauche on ne peut davantage, & ce n'eſt point du tout ton fait. En revanche, ſi tu ſavois combien tu as de grace à avoir tort, combien ton air confus & ton œil ſuppliant te rendent charmante, au lieu de gronder tu paſſerois ta vie à demander pardon, ſinon par devoir, au moins par coquetterie.

Quant à préſent demande moi pardon de toutes manieres. Le beau projet que celui de prendre ſon mari pour ſon confident, & l'obligeante précaution pour une auſſi ſainte amitié que la notre! Amie injuſte, & femme puſillanime! à qui te fieras-tu de ta vertu ſur la terre, ſi tu te défies de tes ſentimens & des miens? Peux-tu, ſans nous offenſer toutes deux, craindre

dre ton cœur & mon indulgence dans les nœuds ſacrés où tu vis? J'ai peine à comprendre comment la ſeule idée d'admettre un tiers dans les ſecrets caquetages de deux femmes ne t'a pas révoltée! Pour moi, j'aime fort à babiller à mon aiſe avec toi; mais ſi je ſavois que l'œil d'un homme eut jamais fureté mes lettres, je n'aurois plus de plaiſir à t'écrire; inſenſiblement la froideur s'introduiroit entre nous avec la reſerve, & nous ne nous aimerions plus que comme deux autres femmes. Regarde à quoi nous expoſoit ta ſote défiance, ſi ton mari n'eut été plus ſage que toi.

Il a très prudemment fait de ne vouloir point lire ta Lettre. Il en eut, peut-être, été moins content que tu n'eſpérois, & moins que je ne le ſuis moi-même à qui l'état où je t'ai vue apprend à mieux juger de celui où je te vois. Tous ces ſages contemplatifs qui ont paſſé leur vie à l'étude du cœur humain en ſavent moins ſur les vrais ſignes de l'amour

que

que la plus bornée des femmes ſenſibles. M. de Wolmar auroit d'abord remarqué que ta Lettre entiere eſt employée à parler de notre ami, & n'auroit point vû l'apoſtille où tu n'en dis pas un mot. Si tu avois écrit cette apoſtille, il y a dix ans, mon enfant je ne ſais comment tu aurois fait, mais l'ami y feroit toujours rentré par quelque coin, d'autant plus que le mari ne la devoit point voir.

M. de Wolmar auroit encore obſervé l'attention que tu as miſe à examiner ſon hôte, & le plaiſir que tu prends à le décrire; mais il mangeroit Ariſtote & Platon avant de ſavoir qu'on regarde ſon amant & qu'on ne l'examine pas. Tout examen exige un ſang-froid qu'on n'a jamais en voyant ce qu'on aime.

Enfin il s'imagineroit que tous ces changemens que tu as obſervés feroient échapés à une autre, & moi j'ai bien peur au contraire d'en trouver qui te feront échapés. Quelque différent que ton hôte ſoit

de

de ce qu'il étoit, il changeroit davantage encore que si ton cœur n'avoit point changé tu le verrois toujours le même. Quoiqu'il en soit, tu détournes les yeux quand il te regarde; c'est encore un fort bon signe. Tu les détournes, Cousine? Tu ne les baisses donc plus? car sûrement tu n'as pas pris un mot pour l'autre. Crois-tu que notre sage eut aussi remarqué cela?

Une autre chose très capable d'inquieter un Mari, c'est je ne sais quoi de touchant & d'affectueux qui reste dans ton langage au sujet de ce qui te fut cher. En te lisant, en t'entendant parler on a besoin de te bien connoitre pour ne pas se tromper à tes sentimens; on a besoin de savoir que c'est seulement d'un ami que tu parles, ou que tu parles ainsi de tous tes amis; mais quant à cela, c'est un effet naturel de ton caractere, que ton mari connoit trop bien pour s'en allarmer. Le moyen que dans un cœur si tendre la pure amitié n'ait pas encore un peu l'air de l'amour?

mour? Ecoute, Coufine, tout ce que je te dis-là doit bien te donner du courage, mais non pas de la témérité. Tes progrès font fenfibles & c'eft beaucoup. Je ne comptois que fur ta vertu, & je commence à compter auffi fur ta raifon: je regarde à préfent ta guérifon finon comme parfaite, au moins comme facile, & tu en as précifément affés fait pour te rendre inexcufable fi tu n'acheves pas.

Avant d'être à ton apoftille j'avois déja remarqué le petit article que tu as eu la franchife de ne pas fupprimer ou modifier en fongeant qu'il feroit vû de ton mari. Je fuis fûre qu'en le lifant il eut s'il fe pouvoit redoublé pour toi d'eftime; mais il n'en eut pas été plus content de l'article. En général, ta Lettre étoit très propre à lui donner beaucoup de confiance en ta conduite & beaucoup d'inquiétude fur ton penchant. Je t'avoue que ces marques de petite vérole, que tu regardes tant, me font peur, & jamais l'amour ne s'avifa

d'un

d'un plus dangereux fard. Je sais que ceci ne seroit rien pour une autre; mais, Cousine, souviens-t'en toujours, celle que la jeunesse & la figure d'un amant n'avoient pu séduire se perdit en pensant aux maux qu'il avoit soufferts pour elle. Sans doute le Ciel a voulu qu'il lui restât des marques de cette maladie pour exercer ta vertu, & qu'il ne t'en restât pas, pour exercer la sienne.

Je reviens au principal sujet de ta lettre; tu sais qu'à celle de notre ami, j'ai volé; le cas étoit grave. Mais à présent si tu savois dans quel embarras m'a mis cette courte absence & combien j'ai d'affaires à la fois, tu sentirois l'impossibilité où je suis de quitter derechef ma maison sans m'y donner de nouvelles entraves & me mettre dans la nécessité d'y passer encore cet hiver; ce qui n'est pas mon compte ni le tien. Ne vaut-il pas mieux nous priver de nous voir deux ou trois jours à la hâte, & nous rejoindre six mois

plu-

plutôt ? Je penſe auſſi qu'il ne ſera pas inutile que je cauſe en particulier & un peu à loiſir avec notre philoſophe ; ſoit pour ſonder & raffermir ſon cœur ; ſoit pour lui donner quelques avis utiles ſur la maniere dont il doit ſe conduire avec ton mari & même avec toi ; car je n'imagine pas que tu puiſſes lui parler bien librement là-deſſus, & je vois par ta lettre même qu'il a beſoin de conſeil. Nous avons pris une ſi grande habitude de le gouverner, que nous ſommes un peu reſponſables de lui à notre propre conſcience, & juſqu'à ce que ſa raiſon ſoit entierement libre, nous y devons ſuppléer. Pour moi, c'eſt un ſoin que je prendrai toujours avec plaiſir ; car il a eu pour mes avis des déférences couteuſes que je n'oublierai jamais, & il n'y a point d'homme au monde depuis que le mien n'eſt plus, que j'eſtime & que j'aime autant que lui. Je lui réſerve auſſi pour ſon compte le plaiſir de me rendre ici quelques

ſervi-

ſervices. J'ai beaucoup de papiers mal en ordre qu'il m'aidera à débrouiller, & quelques affaires épineuſes où j'aurai beſoin à mon tour de ſes lumieres & de ſes ſoins. Au reſte, je compte ne le garder que cinq ou ſix jours tout au plus, & peut-être te le renverrai-je dès le lendemain; car j'ai trop de vanité pour attendre que l'impatience de s'en retourner le prenne, & l'œil trop bon pour m'y tromper.

Ne manque donc pas, ſitôt qu'il ſera remis, de me l'envoyer, c'eſt à dire, de le laiſſer venir, ou je n'entendrai pas raillerie. Tu ſais bien que ſi je ris quand je pleure & n'en ſuis pas moins affligée, je ris auſſi quand je gronde & n'en ſuis pas moins en colere. Si tu es bien ſage, & que tu faſſes les choſes de bonne grace, je te promets de t'envoyer avec lui un joli petit préſent qui te fera plaiſir & très grand plaiſir; mais ſi tu me fais languir, je t'avertis que tu n'auras rien.

P.S.

P. S. A propos, di-moi; notre marin fumet-il? jure-t-il? boit-il de l'eau de vie? Porte-t-il un grand ſabre? a-t-il bien la mine d'un flibuſtier? Mon Dieu que je ſuis curieuſe de voir l'air qu'on a quand on revient des Antipodes!

LETTRE IX.

De Claire à Julie.

TIen, Cousine, voila ton Esclave que je te renvoye. J'en ai fait le mien durant ces huit jours, & il a porté ses fers de si bon cœur qu'on voit qu'il est tout fait pour servir. Rend-moi grace de ne l'avoir pas gardé huit autres jours encore; car, ne t'en déplaise, si j'avois attendu qu'il fut prêt à s'ennuyer avec moi, j'aurois pu ne pas le renvoyer si tôt. Je l'ai donc gardé sans scrupule; mais j'ai eu celui de n'oser le loger dans ma maison. Je me suis senti quelquefois cette fierté d'ame qui dédaigne les serviles bienséances & sied si bien à la vertu. J'ai été plus timide en cette occasion sans savoir pourquoi; & tout ce qu'il y a de sûr, c'est que je serois plus portée à me reprocher cette reserve qu'à m'en applaudir.

Mais toi, sais-tu bien pourquoi notre ami s'enduroit si paisiblement ici? Premierement il étoit avec moi, & je prétends que c'est déja beaucoup pour prendre patience. Il m'épargnoit des tracas & me rendoit service dans mes affaires; un ami ne s'ennuye point à cela. Une troisieme chose que tu as déja devinée, quoique tu n'en fasses pas semblant, c'est qu'il me parloit de toi, & si nous ôtions le tems qu'a duré cette causerie de celui qu'il a passé ici, tu verrois qu'il m'en est fort peu resté pour mon compte. Mais quelle bizarre fantaisie de s'éloigner de toi pour avoir le plaisir d'en parler? Pas si bizarre qu'on diroit bien. Il est contraint en ta présence; il faut qu'il s'observe incessamment; la moindre indiscretion deviendroit un crime, & dans ces momens dangereux le seul devoir se laisse entendre aux cœurs honnêtes: mais loin de ce qui nous fut cher on se permet d'y songer encore. Si l'on étouffe un sentiment devenu coupable,

ble, pourquoi ſe reprocheroit-on de l'avoir eu tandis qu'il ne l'étoit point? Le doux ſouvenir d'un bonheur qui fut légitime, peut-il jamais être criminel? Voila, je penſe, un raiſonnement qui t'iroit mal, mais qu'après tout il peut ſe permettre. Il a recommencé pour ainſi dire, la carriere de ſes anciennes amours. Sa premiere jeuneſſe s'eſt écoulée une ſeconde fois dans nos entretiens. Il me renouvelloit toutes ſes confidences; il rappelloit ces tems heureux où il lui étoit permis de t'aimer; il peignoit à mon cœur les charmes d'une flamme innocente ..... ſans doute, il les embéliſſoit!

Il m'a peu parlé de ſon état préſent par raport à toi, & ce qu'il m'en a dit tient plus du reſpect & de l'admiration que de l'amour; en ſorte que je le vois retourner, beaucoup plus raſſurée ſur ſon cœur que quand il eſt arrivé. Ce n'eſt pas qu'auſſi-tôt qu'il eſt queſtion de toi, l'on n'apperçoive au fond de ce cœur trop ſenſible un certain attendriſſement que l'amitié ſeule, non moins touchante, marque pourtant d'un autre ton; mais j'ai remarqué depuis longtems que perſonne ne peut ni te voir ni penſer à toi de ſang-froid, & ſi l'on joint au ſentiment univerſel que ta vue inſpire le ſentiment plus doux qu'un ſouvenir inéfaçable a dû lui laiſſer, on trouvera qu'il eſt difficile & peut-être impoſſible qu'avec la vertu la plus auſtere il ſoit autre choſe que ce qu'il eſt. Je l'ai bien queſtionné, bien obſervé, bien ſuivi; je l'ai examiné autant qu'il m'a été poſſible; je ne puis bien lire dans ſon ame, il n'y lit pas mieux lui-même: mais je puis te répondre au moins qu'il eſt pénétré de la force de ſes devoirs & des tiens, & que l'idée de Julie mépriſable & corrompue lui feroit plus d'horreur à concevoir que celle de ſon propre anéantiſſement. Couſine, je n'ai qu'un conſeil à te donner, & je te prie d'y faire attention; évite les détails ſur le paſſé & je te réponds de l'avenir.

Quant à la reſtitution dont tu me parles, il n'y faut plus ſonger. Après avoir épuiſé toutes les raiſons imaginables, je l'ai prié, preſſé, conjuré, boudé, baiſé, je lui ai pris les deux mains, je me ſerois miſe à genoux s'il m'eut laiſſé faire; il ne m'a pas même écoutée. Il a pouſſé l'humeur & l'opiniâtreté juſqu'à jurer qu'il conſentiroit plutôt à ne te plus voir qu'à ſe deſſaiſir de ton portrait. Enfin dans un tranſport d'indignation me le faiſant toucher attaché ſur ſon cœur, le voila, m'a-t-il dit d'un ton ſi ému qu'il en reſpiroit à peine, le voila ce portrait, le ſeul bien qui me reſte, & qu'on m'envie encore: Soyez ſure qu'il ne me ſera jamais arraché qu'avec la vie. Crois-moi, Couſine, ſoyons ſages & laiſſons-lui le portrait. Que t'importe au fond qu'il lui demeure? Tant pis pour lui s'il s'obſtine à le garder.

Après avoir bien épanché & ſoulagé ſon cœur, il m'a paru aſſés tranquille

 pour

pour que je pusse lui parler de ses affaires. J'ai trouvé que le tems & la raison ne l'avoient point fait changer de sistême, & qu'il bornoit toute son ambition à passer sa vie attaché à Milord Edouard. Je n'ai pu qu'approuver un projet si honnête, si convenable à son caractere, & si digne de la reconnoissance qu'il doit à des bienfaits sans exemple. Il m'a dit que tu avois été du même avis; mais que M. de Wolmar avoit gardé le silence. Il me vient dans la tête une idée. A la conduite assés singuliere de ton mari, & à d'autres indices, je soupçonne qu'il a sur notre ami quelque vue secrette qu'il ne dit pas. Laissons-le faire & fions-nous à sa sagesse. La maniere dont il s'y prend prouve assés que si ma conjecture est juste, il ne médite rien que d'avantageux à celui pour lequel il prend tant de soins.

Tu n'as pas mal décrit sa figure & ses manieres, & c'est un signe assés favorable que tu l'ais observé plus exactement que je je n'aurois cru: mais ne trouves-tu pas que ses longues peines & l'habitude de les sentir ont rendu sa phisionomie encore plus intéressante qu'elle n'étoit autrefois? Malgré ce que tu m'en avois écrit je craignois de lui voir cette politesse maniérée, ces façons singeresses qu'on ne manque jamais de contracter à Paris, & qui dans la foule des riens dont on y remplit une journée oisive se piquent d'avoir une forme plutôt qu'une autre. Soit que ce vernis ne prenne pas sur certaines ames, soit que l'air de la mer l'ait entierement effacé, je n'en ai pas apperçu la moindre trace; & dans tout l'empressement qu'il m'a témoigné, je n'ai vu que le desir de contenter son cœur. Il m'a parlé de mon pauvre mari; mais il aimoit mieux le pleurer avec moi que me consoler, & ne m'a point débité là-dessus de maximes galantes. Il a caressé ma fille, mais au lieu de partager mon admiration pour elle, il m'a reproché comme toi ses dé-

défauts & s'eſt plaint que je la gâtois; il s'eſt livré avec zele à mes affaires & n'a preſque été de mon avis ſur rien. Au ſurplus le grand air m'auroit arraché les yeux qu'il ne ſe feroit pas aviſé d'aller fermer un rideau; je me ſerois fatiguée à paſſer d'une chambre à l'autre qu'un pan de ſon habit galament étendu ſur ſa main ne ſeroit pas venu à mon ſecours; mon éventail reſta hier une grande ſeconde à terre ſans qu'il s'élançât du bout de la chambre comme pour le retirer du feu. Les matins avant de me venir voir, il n'a pas envoyé une ſeule fois ſavoir de mes nouvelles. A la promenade il n'affecte point d'avoir ſon chapeau cloüé ſur ſa tête, pour montrer qu'il ſait les bons airs (*). A table, je lui ai demandé ſouvent

(*) A Paris on ſe pique furtout de rendre la ſociété comode & facile, & c'eſt dans une foule de regles de cette importance qu'on y fait conſiſter cette facilité. Tout eſt uſages & loix dans

vent sa tabatiere qu'il n'appelle pas sa boëte; toujours il me l'a présentée avec la main, jamais sur une assiete comme un laquais; il n'a pas manqué de boire à ma santé deux fois au moins par repas, & je parie que s'il nous restoit cet hiver, nous le verrions, assis avec nous autour du feu, se chauffer en vieux bourgeois. Tu ris, Cousine; mais montre moi un des notres fraichement venu de Paris qui ait conservé cette bon-hommie. Au reste, il me semble que tu dois trouver notre philosophe empiré dans un seul point; c'est qu'il s'occupe un peu plus des gens qui lui parlent; ce qui ne peut se faire qu'à ton préjudice; sans aller pourtant, je pense, jusqu'à le racomoder avec Madame Belon

dans la bonne compagnie. Tous ces usages naissent & passent comme un éclair. Le savoir vivre consiste à se tenir toujours au guet, à les saisir au passage, à les affecter, à montrer qu'on sait celui du jour. Le tout pour être simple.

lon. Pour moi, je le trouve mieux en ce qu'il eſt plus grave & plus ſérieux que jamais. Ma mignonne, garde-le-moi bien ſoigneuſement juſqu'à mon arrivée. Il eſt préciſément comme il me le faut, pour avoir le plaiſir de le déſoler tout le long du jour.

Admire ma diſcretion; je ne t'ai rien dit encore du préſent que je t'envoye, & qui t'en promet bientôt un autre: mais tu l'as reçu avant que d'ouvrir ma Lettre, & toi qui ſais combien j'en ſuis idolâtre & combien j'ai raiſon de l'être; toi dont l'avarice étoit ſi en peine de ce préſent, tu conviendras que je tiens plus que je n'avois promis. Ah, la pauvre petite! au moment où tu lis ceci, elle eſt déja dans tes bras; elle eſt plus heureuſe que ſa mere; mais dans deux mois je ſerai plus heureuſe qu'elle; car je ſentirai mieux mon bonheur. Hélas! chere Couſine, ne m'as-tu pas déja toute entiere? où tu es, où eſt ma fille, que manque-t-il encore de de moi? La voila, cette aimable enfant; reçois-là comme tienne; je te la cede, je te la donne; je résigne en tes mains le pouvoir maternel; corrige mes fautes, charge toi des soins dont je m'acquite si mal à ton gré; sois dès aujourd'hui la mere de celle qui doit être ta Bru, & pour me la rendre plus chere encore, fais en s'il se peut une autre Julie. Elle te ressemble déja de visage; à son humeur, j'augure qu'elle sera grave & prêcheuse; quand tu auras corrigé les caprices qu'on m'accuse d'avoir fomentés, tu verras que ma fille se donnera les airs d'être ma Cousine; mais plus heureuse elle aura moins de pleurs à verser & moins de combats à rendre. Si le Ciel lui eut conservé le meilleur des peres; qu'il eut été loin de gêner ses inclinations, & que nous serons loin de les gêner nous-mêmes! Avec quel charme je les vois déja s'accorder avec nos projets! Sais-tu bien qu'elle ne peut déja plus se passer de son petit

 mali,

mali, & que c'eſt en partie pour cela que je te la renvoye? J'eus hier avec elle une converſation dont notre ami ſe mouroit de rire. Premierement, elle n'a pas le moindre regret de me quiter, moi qui ſuis toute la journée ſa très humble ſervante, & ne puis reſiſter à rien de ce qu'elle veut; & toi qu'elle craint & qui lui dis, non, vingt fois le jour, tu es la petite Maman par excellence, qu'on va chercher avec joye, & dont on aime mieux les refus que tous mes bon-bons. Quand je lui annoncai que j'allois te l'envoyer, elle eut les tranſports que tu peux penſer; mais pour l'embarraſſer, j'ajoûtai que tu m'enverrois à ſa place le petit mali, & ce ne fut plus ſon compte. Elle me demanda toute interdite ce que j'en voulois faire. Je répondis que je voulois le prendre pour moi; elle fit la mine. Henriette, ne veux-tu pas bien me le ceder, ton petit mali? Non, dit-elle aſſés ſechement. Non? Mais ſi je ne veux

pas

pas te le ceder non plus, qui nous accordera? Maman, ce sera la petite Maman. J'aurai donc la préférence, car tu sais qu'elle veut tout ce que je veux. Oh la petite Maman ne veut jamais que la raison! Comment, Mademoiselle, n'est-ce pas la même chose? La rusée se mit à sourire. Mais encore, continuai-je, par quelle raison ne me donneroit-elle pas le petit mali? Parce qu'il ne vous convient pas. Et pourquoi ne me conviendroit-il pas? Autre sourire aussi malin que le premier. Parle franchement, est-ce que tu me trouves trop vieille pour lui? Non, Maman; mais il est trop jeune pour vous..... Cousine, un enfant de sept ans! ..... En vérité, si la tête ne m'en tournoit pas, il faudroit qu'elle m'eut déja tourné.

Je m'amusai à la provoquer encore. Ma chere Henriette, lui dis-je en prenant mon sérieux, je t'assure qu'ils ne te convient pas non plus. Pourquoi donc?

 s'és'écria-t-elle d'un air allarmé. C'est qu'il est trop étourdi pour toi. Oh Maman, n'est-ce que cela?' Je le rendrai sage. Et si par malheur il te rendroit folle? Ah, ma bonne Maman, que j'aimerois à vous ressembler! Me ressembler! impertinente? Oui, Maman: vous dites toute la journée que vous êtes folle de moi; Hébien, moi, je serai folle de lui: voila tout.

Je sais que tu n'approuves pas ce joli caquet, & que tu sauras bientôt le modérer. Je ne veux pas, non plus, le justifier quoiqu'il m'enchante, mais te montrer seulement que ta fille aime déja bien son petit mali, & que s'il a deux ans de moins qu'elle, elle ne sera pas indigne de l'autorité que lui donne le droit d'ainesse. Aussi-bien, je vois, par l'opposition de ton exemple & du mien à celui de ta pauvre mere, que quand la femme gouverne, la maison n'en va pas plus mal. Adieu, ma bien-aimée; adieu ma ma chere inséparable ; compte que le tems approche, & que les vendanges ne se feront pas sans moi.

LETTRE X.

A Milord Edouard.

QUe de plaisirs trop tard connus je goûte depuis trois semaines! La douce chose de couler ses jours dans le sein d'une tranquille amitié, à l'abri de l'orage des passions impétueuses! Milord que c'est un spectacle agréable & touchant que celui d'une maison simple & bien réglée où regnent l'ordre, la paix, l'innocence; où l'on voit réuni sans appareil, sans éclat, tout ce qui répond à la véritable destination de l'homme! La campagne, la retraite, le repos, la saison, la vaste plaine d'eau qui s'offre à mes yeux, le sauvage aspect des montagnes, tout me rappelle ici ma délicieuse Isle de Tinian. Je crois voir accomplir les voeux ardens que j'y formai tant de fois. J'y mêne une vie de mon goût, j'y trouve une société

ſociété ſelon mon cœur. Il ne manque en ce lieu que deux perſonnes pour que tout mon bonheur y ſoit raſſemblé, & j'ai l'eſpoir de les y voir bientôt.

En attendant que vous & Mad[e]. d'Orbe veniez mettre le comble aux plaiſirs ſi doux & ſi purs que j'apprends à goûter où je ſuis, je veux vous en donner une idée par le détail d'un économie domeſtique qui annonce la félicité des maitres de la maiſon & la fait partager à ceux qui l'habitent. J'eſpere, ſur le projet qui vous occupe, que mes réflexions pourront un jour avoir leur uſage, & cet eſpoir ſert encore à les exciter.

Je ne vous décrirai point la maiſon de Clarens. Vous la connoiſſez. Vous ſavez ſi elle eſt charmante, ſi elle m'offre des ſouvenirs intéreſſans, ſi elle doit m'être chere, & par ce qu'elle me montre, & par ce qu'elle me rappelle. Mad[e]. de Wolmar en préfere avec raiſon le ſéjour à celui d'Etange, château magnifique & grand;

grand; mais vieux, triſte, incomode, & qui n'offre dans ſes environs rien de comparable à ce qu'on voit autour de Clarens.

Depuis que les maîtres de cette maiſon y ont fixé leur demeure, ils en ont mis à leur uſage tout ce qui ne ſervoit qu'à l'ornement; ce n'eſt plus une maiſon faite pour être vue, mais pour être habitée. Ils ont bouché de longues enfilades pour changer des portes mal ſituées, ils ont coupé de trop grandes pieces pour avoir des logemens mieux diſtribués. A des meubles anciens & riches ils en ont ſubſtitué de ſimples & de comodes. Tout y eſt agréable & riant; tout y reſpire l'abondance & la propreté, rien n'y ſent la richeſſe & le luxe. Il n'y a pas une chambre où l'on ne ſe reconnoiſſe à la campagne, & où l'on ne retrouve toutes les comodités de la ville. Les mêmes changemens ſe font remarquer au dehors. La baſſe-cour a été aggrandie aux dépends des remiſes. A la place d'un vieux billard dé-

délabré l'on a fait un beau pressoir, & une laiterie où logeoient des Pans criards dont on s'est defait. Le potager étoit trop petit pour la cuisine; on en a fait du parterre un second, mais si propre & si bien entendu, que ce parterre ainsi travesti plait à l'œil plus qu'auparavant. Aux tristes Ifs qui couvroient les murs ont été substitués de bons espaliers. Au lieu de l'inutile maronier d'Inde, de jeunes meuriers noirs commencent à ombrager la cour, & l'on a planté deux rangs de noyers jusqu'au chemin à la place des vieux tilleuls qui bordoient l'avenue. Par tout on a substitué l'utile à l'agréable, & l'agréable y a presque toujours gagné. Quant à moi, du moins, je trouve que le bruit de la bassecour, le chant des coqs, le mugissement du bétail, l'attelage des chariots, les repas des champs, le retour des ouvriers, & tout l'appareil de l'économie rustique donne à cette maison un air plus champêtre, plus vivant, plus

plus animé, plus gai, je ne ſais quoi qui ſent la joye & le bien-être, qu'elle n'avoit pas dans ſa morne dignité.

Leurs terres ne ſont pas affermées mais cultivées par leurs ſoins, & cette culture fait une grande partie de leurs occupations, de leurs biens & de leurs plaiſirs. La Baronie d'Etange n'a que des prés, des champs, & du bois; mais le produit de Clarens eſt en vignes, qui font un objet conſidérable, & comme la différence de la culture y produit un effet plus ſenſible que dans les bleds; c'eſt encore une raiſon d'économie pour avoir préféré ce dernier ſéjour. Cependant ils vont preſque tous les ans faire les moiſſons à leur terre, & M. de Wolmar y va ſeul aſſés fréquemment. Ils ont pour maxime de tirer de la culture tout ce qu'elle peut donner, non pour faire un plus grand gain, mais pour nourrir plus d'hommes. M. de Wolmar prétend que la terre produit à proportion du nombre des bras qui la cultivent; mieux

cul-

cultivée elle rend davantage ; cette surabondance de production donne dequoi la cultiver mieux encore ; plus on y met d'hommes & de bétail, plus elle fournit d'excédent à leur entretien. On ne sait, dit-il, où peut s'arrêter cette augmentation continuelle & réciproque de produit & de cultivateurs. Au contraire, les terrains négligés perdent leur fertilité : moins un pays produit d'hommes, moins il produit de denrées : C'est le défaut d'habitans qui l'empêche de nourrir le peu qu'il en a, & dans toute contrée qui se dépeuple on doit tôt ou tard mourir de faim.

Ayant donc beaucoup de terres & les cultivant toutes avec beaucoup de soin, il leur faut, outre les domestiques de la bassecour, un grand nombre d'ouvriers à la journée ; ce qui leur procure le plaisir de faire subsister beaucoup de gens sans s'incomoder. Dans le choix de ces journaliers, ils prèferent toujours ceux du pays & les voisins aux étrangers & aux incon-

inconnus. Si l'on perd quelque chose à ne pas prendre toujours les plus robustes, on le regagne bien par l'affection que cette préférence inspire à ceux qu'on choisit, par l'avantage de les avoir sans cesse autour de soi, & de pouvoir compter sur eux dans tous les tems, quoiqu'on ne les paye qu'une partie de l'année.

Avec tous ces ouvriers ont fait toujours deux prix. L'un est le prix de rigueur & de droit, le prix courant du pays, qu'on s'oblige à leur payer pour les avoir employés. L'autre, un peu plus fort, est un prix de bénéficence, qu'on ne leur paye qu'autant qu'on est content d'eux, & il arrive presque toujours que ce qu'ils font pour qu'on le soit vaut mieux que le surplus qu'on leur donne. Car M. de Wolmar est integre & severe, & ne laisse jamais dégénérer en coutume & en abus les institutions de faveur & de grace. Ces ouvriers ont des surveillans qui les animent & les observent. Ces surveillans sont les gens de de la basse-cour qui travaillent eux-mêmes & sont intéressés au travail des autres par un petit denier qu'on leur accorde outre leurs gages, sur tout ce qu'on recueille par leurs soins. De plus, M. de Wolmar les visitte lui-même presque tous les jours, souvent plusieurs fois le jour, & sa femme aime à être de ces promenades. Enfin dans le tems des grands travaux, Julie donne toutes les semaines vingt batz (*) de gratification à celui de tous les travailleurs, journaliers ou valets indifféremment qui durant ces huit jours a été le plus diligent au jugement du maitre. Tous ces moyens d'émulation qui paroissent dispendieux, employés avec prudence & justice rendent insensiblement tout le monde laborieux, diligent, & rapportent enfin plus qu'ils ne coûtent; mais comme on n'en voit le profit qu'avec de la constance & du tems,

(*) Petite monnoye du pays.

tems, peu de gens ſavent & veulent s'en ſervir.

Cependant un moyen plus efficace encore, le ſeul auquel des vues économiques ne font point ſonger & qui eſt plus propre à Madᵉ. de Wolmar, c'eſt de gagner l'affection de ces bonnes gens en leur accordant la ſienne. Elle ne croit point s'acquiter avec de l'argent des peines que l'on prend pour elle, & penſe devoir des ſervices à quiconque lui en a rendu. Ouvriers, domeſtiques, tous ceux qui l'ont ſervie ne fut-ce que pour un ſeul jour deviennent tous ſes enfans ; elle prend part à leurs plaiſirs, à leurs chagrins, à leur ſort ; elle s'informe de leurs affaires, leurs intérêts ſont les ſiens ; elle ſe charge de mille ſoins pour eux, elle leur donne des conſeils, elle accomode leurs différens, & ne leur marque pas l'affabilité de ſon caractere par des paroles emmiellées & ſans effet, mais par des ſervices véritables & par de continuels actes de bonté. Eux, de leur

côté

côté quitent tout à son moindre signe; ils volent quand elle parle ; son seul regard anime leur zele, en sa présence ils sont contens, en son absence ils parlent d'elle & s'animent à la servir. Ses charmes & ses discours font beaucoup, sa douceur ses vertus font davantage. Ah Milord! l'adorable & puissant empire que celui de la beauté bienfaisante!

Quant au service personnel des maitres, ils ont dans la maison huit domestiques, trois femmes & cinq hommes, sans compter le valet-de-chambre du Baron ni les gens de la Basse-cour. Il n'arrive gueres qu'on soit mal servi par peu de Domestiques ; mais on diroit au zele de ceux-ci, que chacun, outre son service, se croit chargé de celui des sept autres, & à leur accord, que tout se fait par un seul. On ne les voit jamais oisifs & desœuvrés jouer dans une antichambre ou poliçonner dans la cour, mais toujours occupés à quelque travail utile; ils aident à la baſſe-cour, au Cellier, à la Cuiſine; le jardinier n'a point d'autres garçons qu'eux, & ce qu'il y a de plus agréable, c'eſt qu'on leur voit faire tout cela gaî-ment & avec plaiſir.

On s'y prend de bonne heure pour les avoir tels qu'on les veut. On n'a point ici la maxime que j'ai vû regner à Paris & à Londres, de choiſir des Domeſtiques tout formés, c'eſt à dire des Coquins déja tout faits, de ces coureurs de conditions qui dans chaque maiſon qu'ils parcourent prennent à la fois les défauts des valets & des maitres, & ſe font un métier de ſervir tout le monde, ſans jamais s'attacher à perſonne. Il ne peut regner ni honnêteté ni fidélité ni zele au milieu de pareilles gens, & ce ramaſſis de canaille ruine le maitre & corrompt les enfans dans toutes les maiſons opulentes. Ici c'eſt une affaire importante que le choix des Domeſtiques. On ne les regarde point ſeulement comme des mer-

cenai-

cenaires dont on n'exige qu'un ſervice exact; mais comme des membres de la famille, dont le mauvais choix eſt capable de la déſoler. La premiere choſe qu'on leur demande eſt d'être honnêtes gens, la ſeconde d'aimer leur maitre, la troiſieme de le ſervir à ſon gré; mais pour peu qu'un maitre ſoit raiſonnable & un domeſtique intelligent, la troiſieme ſuit toujours les deux autres. On ne les tire donc point de la ville mais de la campagne. C'eſt ici leur premier ſervice, & ce ſera ſûrement le dernier pour tous ceux qui vaudront quelque choſe. On les prend dans quelque famille nombreuſe & ſurchargée d'enfans, dont les peres & meres viennent les offrir eux-mêmes. On les choiſit jeunes, bienfaits, de bonne ſanté & d'une phyſionomie agréable. M. de Wolmar les interroge, les examine, puis les préſente à ſa femme. S'ils aggréent à tous deux, ils ſont reçus, d'abord à l'épreuve, enſuite au nombre des gens, c'eſt à dire, des enfans de la maiſon, & l'on paſſe quelques jours à leur apprendre avec beaucoup de patience & de ſoin ce qu'ils ont à faire. Le ſervice eſt ſi ſimple, ſi égal, ſi uniforme, les maitres ont ſi peu de fantaiſie & d'humeur, & leurs domeſtiques les affectionnent ſi promptement, que cela eſt bientôt appris. Leur condition eſt douce; ils ſentent un bien-être qu'ils n'avoient pas chez eux; mais on ne les laiſſe point amolir par l'oiſiveté mere des vices. On ne ſouffre point qu'ils deviennent des Meſſieurs & s'enorgueilliſſent de la ſervitude. Ils continuent de travailler comme ils faiſoient dans la maiſon paternelle; ils n'ont fait, pour ainſi dire, que changer de pere & de mere, & en gagner de plus opulens. De cette ſorte ils ne prennent point en dédain leur ancienne vie ruſtique. Si jamais ils ſortoient d'ici, il n'y en a pas un qui ne reprit plus volontiers ſon état de payſan que de ſupporter une autre con-

condition. Enfin, je n'ai jamais vû de maison où chacun fit mieux son service, & s'imaginât moins de servir.

C'est ainsi qu'en formant & dressant ses propres Domestiques on n'a point à se faire cette objection si commune & si peu sensée; je les aurai formés pour d'autres. Formez-les comme il faut, pourroit-on répondre, & jamais ils ne serviront à d'autres. Si vous ne songez qu'à vous en les formant, en vous quitant ils font fort bien de ne songer qu'à eux; mais occupez-vous d'eux un peu davantage & ils vous demeureront attachés. Il n'y a que l'intention qui oblige, & celui qui profite d'un bien que je ne veux faire qu'à moi ne me doit aucune reconnoissance.

Pour prévenir doublement le même inconvénient, M. & Mad^{e}. de Wolmar employent encore un autre moyen qui me paroit fort bien entendu. En commençant leur établissement ils ont cherché quel nombre de domestiques ils pouvoient entretenir dans une maison montée à peu près selon leur état, & ils ont trouvé que ce nombre alloit à quinze ou seize; pour être mieux servis ils l'ont réduit à la moitié; de sorte qu'avec moins d'appareil leur service est beaucoup plus exact. Pour être mieux servis encore, ils ont intéressé les mêmes gens à les servir longtems. Un domestique en entrant chez eux reçoit le gage ordinaire; mais ce gage augmente tous les ans d'un vingtieme; au bout de vingt ans il seroit ainsi plus que doublé & l'entretien des domestiques seroit à peu près alors en raison du moyen des maitres: mais il ne faut pas être un grand algébriste pour voir que les fraix de cette augmentation sont plus apparens que réels, qu'ils auront peu de doubles gages à payer, & que quand ils les payeroient à tous, l'avantage d'avoir été bien servis durant vingt ans compenseroit & au delà ce surcroit de dépense. Vous sentez bien, Milord, que c'est un expédient sûr pour aug-

augmenter inceſſamment le ſoin des domeſtiques & ſe les attacher à meſure qu'on s'attache à eux. Il n'y a pas ſeulement de la prudence, il y a même de l'équité dans un pareil établiſſement. Eſt-il juſte qu'un nouveau venu ſans affection, & qui n'eſt peut-être qu'un mauvais ſujet, reçoive en entrant le même ſalaire qu'on donne à un ancien ſerviteur, dont le zele & la fidélité ſont éprouvés par de longs ſervices, & qui d'ailleurs approche en vieilliſſant du tems où il ſera hors d'état de gagner ſa vie? Au reſte, cette derniere raiſon n'eſt pas ici de miſe, & vous pouvez bien croire que des maitres auſſi humains ne négligent pas des devoirs que rempliſſent par oſtentation beaucoup de maitres ſans charité, & n'abandonnent pas ceux de leurs gens à qui les infirmités ou la vieilleſſe ôtent les moyens de ſervir.

J'ai dans l'inſtant même un exemple aſſés frapant de cette attention. Le Baron d'Etange, voulant récompenſer les longs

ſervices de ſon Valet-de-chambre par une retraite honorable, a eu le credit d'obtenir pour lui de L. L. E. E. un emploi lucratif & ſans peine. Julie vient de recevoir là-deſſus de ce vieux domeſtique une lettre à tirer des larmes, dans laquelle il la ſupplie de le faire diſpenſer d'accepter cet emploi.
„ Je ſuis âgé, " lui dit-il; " j'ai perdu
„ toutes ma famille; je n'ai plus d'autres
„ parens que mes maitres; tout mon eſ-
„ poir eſt de finir paiſiblement mes jours
„ dans la maiſon où je les ai paſſés ....
„ Madame, en vous tenant dans mes
„ bras à votre naiſſance, je demandois
„ à Dieu de tenir de même un jour vos
„ enfans; il m'en a fait la grace; ne me
„ refuſez pas celle de les voir croitre &
„ proſpérer comme vous .... moi qui ſuis
„ accoutumé à vivre dans une maiſon
„ de paix, où en retrouverai-je une ſem-
„ blable pour y repoſer ma vieilleſſe? ...
„ Ayez la charité d'écrire en ma faveur
„ à Monſieur le Baron. S'il eſt mécon-

„ tent

„ tent de moi, qu'il me chasse & ne me „ donne point d'emploi: mais si je l'ai fi- „ delement servi durant quarante ans, „ qu'il me laisse achever mes jours à son „ service & au votre; il ne sauroit mieux „ me recompenser ". Il ne faut pas demander si Julie a écrit. Je vois qu'elle seroit aussi fâchée de perdre ce bon-homme qu'il le seroit de la quitter. Ai-je tort, Milord, de comparer des maitres si chéris à des peres & leurs domestiques à leurs enfans? Vous voyez que c'est ainsi qu'ils se regardent eux-mêmes.

Il n'y a pas d'exemple dans cette maison qu'un domestique ait demandé son congé. Il est même rare qu'on menace quelqu'un de le lui donner. Cette menace effraye à proportion de ce que le service est agréable & doux. Les meilleurs sujets en sont toujours les plus allarmés, & l'on n'a jamais besoin d'en venir à l'exécution qu'avec ceux qui sont peu regrettables. Il y a encore une regle à cela.

 Quand

Quand M. de Wolmar a dit, *je vous chasſe*, on peut implorer l'interceſſion de Madame, l'obtenir quelquefois & rentrer en grace à ſa priere; mais un congé qu'elle donne eſt irrévocable, & il n'y a plus de grace à eſpérer. Cet accord eſt très bien entendu pour tempérer à la fois l'excès de confiance qu'on pourroit prendre en la douceur de la femme, & la crainte extrême que cauſeroit l'inflexibilité du mari. Ce mot ne laiſſe pas pourtant d'être extrêmement redouté de la part d'un maitre équitable & ſans colere; car outre qu'on n'eſt pas ſûr d'obtenir grace, & qu'elle n'eſt jamais accordée deux fois au même; on perd par ce mot ſeul ſon droit d'ancienneté, & l'on recommence, en rentrant, un nouveau ſervice: ce qui prévient l'inſolence des vieux domeſtiques & augmente leur circonſpection, à meſure qu'ils ont plus à perdre.

Les trois femmes ſont, la femme de chambre, la gouvernante des enfans, & la la cuisiniere. Celle-ci est une paysanne fort propre & fort entendue à qui Mad^e. de Wolmar a appris la cuisine; car dans ce pays simple encore (*) les jeunes personnes de tout état apprennent à faire elles-mêmes tous les travaux que feront un jour dans leur maisons les femmes qui seront à leur service, afin de savoir les conduire au besoin & de ne s'en pas laisser imposer par elles. La femme de chambre n'est plus Babi; on l'a renvoyée à Etange où elle est née; on lui a remis le soin du château & une inspection sur la recette, qui la rend en quelque maniere le controlleur de l'Econome. Il y avoit longtems que M. de Wolmar pressoit sa femme de faire cet arrangement, sans pouvoir la résoudre à éloigner d'elle un ancien domestique de sa mere, quoiqu'elle eut plus d'un sujet de s'en plaindre. Enfin depuis les dernieres explications elle y a consen-

(*) Simple! Il a donc beaucoup changé.

ſenti, & Babi eſt partie. Cette femme eſt intelligente & fidelle, mais indiſcrete & babillarde. Je ſoupçonne qu'elle a trahi plus d'une fois les ſecrets de ſa maitreſſe, que M. de Wolmar ne l'ignore pas, & que pour prevenir la même indiſcretion vis à vis de quelque étranger, cet homme ſage a ſû l'employer de maniere à profiter de ſes bonnes qualités ſans s'expoſer aux mauvaiſes. Celle qui l'a remplacée eſt cette même Fanchon Regard dont vous m'entendiez parler autrefois avec tant de plaiſir. Malgré l'augure de Julie, ſes bienfaits, ceux de ſon pere, & les votres, cette jeune femme ſi honnête & ſi ſage n'a pas été heureuſe dans ſon établiſſement. Claude Anet, qui avoit ſi bien ſupporté ſa miſere, n'a pu ſoutenir un état plus doux. En ſe voyant dans l'aiſance il a négligé ſon métier, & s'étant tout à fait derangé il s'eſt enfui du pays, laiſſant ſa femme avec un enfant qu'elle a perdu depuis ce

tems.

tems-là. Julie après l'avoir retirée chez elle lui a appris tous les petits ouvrages d'une femme de chambre, & je ne fus jamais plus agréablement ſurpris que de la trouver en fonction le jour de mon arrivée. M. de Wolmar en fait un très grand cas, & tous deux lui ont confié le ſoin de veiller tant ſur leurs enfans que ſur celle qui les gouverne. Celle-ci eſt auſſi une villageoiſe ſimple & crédule, mais attentive, patiente & docile; de ſorte qu'on n'a rien oublié pour que les vices des villes ne pénétraſſent point dans une maiſon dont les maitres ne les ont ni ne les ſouffrent.

Quoique tous les domeſtiques n'aient qu'une même table, il y a d'ailleurs peu de communication entre les deux ſexes: on regarde ici cet article comme très important. On n'y eſt point de l'avis de ces maitres indifférens à tout hors à leur intérêt, qui ne veulent qu'être bien ſervis, ſans s'embarraſſer au ſurplus de ce que ſont leurs gens. On penſe au contraire, que ceux qui ne veulent qu'être bien ſervis ne ſauroient l'être longtems. Les liaiſons trop intimes entre les deux ſexes ne produiſent jamais que du mal. C'eſt des conciliabules qui ſe tiennent chez les femmes de chambre que ſortent la plupart des deſordres d'un ménage. S'il s'en trouve une qui plaiſe au maître-d'hôtel, il ne manque pas de la ſéduire aux dépends du maitre. L'accord des hommes entre eux ni des femmes entre elles n'eſt pas aſſés ſûr pour tirer à conſéquence. Mais c'eſt toujours entre hommes & femmes que s'établiſſent ces ſecrets monopoles qui ruinent à la longue les familles les plus opulentes. On veille donc à la ſageſſe & à la modeſtie des femmes, non ſeulement par des raiſons de bonnes mœurs & d'honnêteté, mais encore par un intérêt très bien entendu; car quoiqu'on en diſe, nul ne remplit bien ſon devoir s'il ne l'aime, & il n'y eut jamais que des

gens

gens d'honneur qui ſuſſent aimer leur devoir.

Pour prévenir entre les deux ſexes une familiarité dangereuſe, on ne les gêne point ici par des loix poſitives qu'ils ſeroient tentés d'enfreindre en ſecret; mais ſans paroitre y ſonger on établit des uſages plus puiſſans que l'autorité même. On ne leur défend pas de ſe voir, mais on fait en ſorte qu'ils n'en aient ni l'occaſion ni la volonté. On y parvient en leur donnant des occupations, des habitudes, des goûts, des plaiſirs entierement différens. Sur l'ordre admirable qui regne ici, ils ſentent que dans une maiſon bien réglée les hommes & les femmes doivent avoir peu de commerce entre eux. Tel qui taxeroit en cela de caprice les volontés d'un maitre, ſe ſoumet ſans répugnance à une maniere de vivre qu'on ne lui preſcrit pas formellement, mais qu'il juge lui-même être la meilleure & la plus naturelle. Julie prétend qu'elle l'eſt en effet; elle ſoutient que de l'amour ni de l'union conjugale ne réſulte point le commerce continuel des deux ſexes. Selon elle la femme & le mari ſont bien deſtinés à vivre enſemble, mais non pas de la même maniere; ils doivent agir de concert ſans faire les mêmes choſes. La vie qui charmeroit l'un ſeroit, dit-elle, inſuportable à l'autre; les inclinations que leur donne la nature ſont auſſi diverſes que les fonctions qu'elle leur impoſe; leurs amuſemens ne different pas moins que leurs devoirs; en un mot, tous deux concourent au bonheur commun par des chemins différens, & ce partage de travaux & de ſoins eſt le plus fort lien de leur union.

Pour moi, j'avoue que mes propres obſervations ſont aſſés favorables à cette maxime. En effet, n'eſt-ce pas un uſage conſtant de tous les peuples du monde, hors le françois & ceux qui l'imitent, que les hommes vivent entre eux, les femmes entre elles? S'ils ſe voyent les uns les autres,

tres, c'eſt plutôt par entrevues & preſque à la dérobée comme les Epoux de Lacédémone, que par un mélange indiſcret & perpétuel, capable de confondre & défigurer en eux les plus ſages diſtinctions de la nature. On ne voit point les ſauvages mêmes indiſtinctement mêlés, hommes & femmes. Le ſoir la famille ſe raſſemble; chacun paſſe la nuit auprès de ſa femme; la ſéparation recommence avec le jour, & les deux ſexes n'ont plus rien de commun que les repas tout au plus. Tel eſt l'ordre que ſon univerſalité montre être le plus naturel, & dans les pays même où il eſt perverti l'on en voit encore des veſtiges. En France où les hommes ſe ſont ſoumis à vivre à la maniere des femmes & à reſter ſans ceſſe enfermés dans la chambre avec elles, l'involontaire agitation qu'ils y conſervent montre que ce n'eſt point à cela qu'ils étoient deſtinés. Tandis que les femmes reſtent tranquillement aſſiſes ou cou-

couchées ſur leur chaiſe longue, vous voyez les hommes ſe lever, aller, venir, ſe raſſeoir avec un inquietude continuelle; un inſtinct machinal combatant ſans ceſſe la contrainte où ils ſe mettent, & les pouſſant malgré eux à cette vie active & laborieuſe que leur impoſa la nature. C'eſt le ſeul peuple du monde où les hommes ſe tiennent de bout au ſpectacle, comme s'ils aloient ſe délaſſer au parterre d'avoir reſté tout le jour aſſis au ſalon. Enfin ils ſentent ſi bien l'ennui de cette indolence effeminée & caſaniere, que pour y mêler au moins quelque ſorte d'activité ils cedent chez eux la place aux étrangers, & vont auprès des femmes d'autrui chercher à tempérer ce dégoût.

La maxime de Madᵉ. de Wolmar ſe ſoutient très bien par l'exemple de ſa maiſon. Chacun étant pour ainſi dire tout à ſon ſexe, les femmes y vivent très ſéparées des hommes. Pour prévenir entre eux des liaiſons ſuſpectes, ſon grand ſecret

cret eſt d'occuper inceſſamment les uns & les autres; car leurs travaux ſont ſi différens qu'il n'y a que l'oiſiveté qui les raſſemble. Le matin chacun vaque à ſes fonctions, & il ne reſte du loiſir à perſonne pour aller troubler celles d'un autre. L'après dinée les hommes ont pour département le jardin, la baſſe-Cour, ou d'autres ſoins de la campagne; les femmes s'occupent dans la chambre des enfans juſqu'à l'heure de la promenade qu'elles font avec eux, ſouvent même avec leur maitreſſe, & qui leur eſt agréable comme le ſeul moment où elles prennent l'air. Les hommes, aſſés exercés par le travail de la journée, n'ont guere envie de s'aller promener & ſe repoſent en gardant la maiſon.

Tous les Dimanches après le prêche du ſoir les femmes ſe raſſemblent encore dans la chambre des enfans avec quelque parente ou amie qu'elles invitent tour à tour du conſentement de Madame. Là en attendant

dant un petit régal donné par elle, on cause, on chante, on joue au volant, aux onchéts, ou à quelque autre jeu d'addresse propre à plaire aux yeux des enfans, jusqu'à ce qu'ils s'en puissent amuser eux-mêmes. La colation vient, composée de quelques laitages, de gauffres, d'échaudés, de merveilles (*), ou d'autres mets du goût des enfans & des femmes. Le vin en est toujours exclus, & les hommes qui dans tous les tems entrent peu dans ce petit Gynécée (†) ne sont jamais de cette colation, où Julie manque assés rarement. J'ai été jusqu'ici le seul privilégié. Dimanche dernier j'obtins à force d'importunités de l'y accompagner. Elle eut grand soin de me faire valoir cette faveur. Elle me dit tout haut qu'elle me l'accordoit pour cette seule fois, & qu'elle l'avoit refusée à M. de Wolmar lui-même.

(*) Sorte de gâteaux du pays.
(†) Appartement des femmes.

me. Imaginez ſi la petite vanité féminine étoit flatée, & ſi un laquais eut été bien-venu à vouloir être admis à l'excluſion du maitre?

Je fis un goûter délicieux. Eſt-il quelques mets au monde comparables aux laitages de ce pays? Penſez ce que doivent être ceux d'une laiterie où Julie préſide, & mangés à côté d'elle. La Fanchon me ſervit des grus, de la céracée (*), des gauffres, des écrelets. Tout diſparoiſſoit à l'inſtant. Julie rioit de mon apétit. Je vois, dit-elle en me donnant encore une aſſiéte de crême, que votre eſtomac ſe fait honneur par tout, & que vous ne vous tirez pas moins bien de l'écot des femmes que de celui des Valaiſans; pas plus

(*) Laitages excellens qui ſe font ſur la montagne de Saleve. Je doute qu'ils ſoient connus ſous ce nom au Jura; ſurtout vers l'autre extrémité du lac.

plus impunément, repris-je; on s'enivre quelquefois à l'un comme à l'autre, & la raiſon peut s'égarer dans un chalet tout auſſi bien que dans un cellier. Elle baiſſa les yeux ſans répondre, rougit, & ſe mit à careſſer ſes enfans. C'en fut aſſés pour éveiller mes remords. Milord, ce fut là ma premiere indiſcretion, & j'eſpere que ce ſera la derniere.

Il regnoit dans cette petite aſſemblée un certain air d'antique ſimplicité qui me touchoit le cœur; je voyois ſur tous les viſages la même gaité & plus de franchiſe, peut-être, que s'il s'y fut trouvé des hommes. Fondée ſur la confiance & l'attachement, la familiarité qui regnoit entre les ſervantes & la maitreſſe ne faiſoit qu'affermir le reſpect & l'autorité, & les ſervices rendus & reçus ne ſembloient être que des témoignages d'amitié réciproque. Il n'y avoit pas juſqu'au choix du régal qui ne contribuât à

le

le rendre intéreſſant. Le laitage & le ſucre ſont un des goûts naturels du ſexe & comme le ſimbole de l'innocence & de la douceur qui font ſon plus aimable ornement. Les hommes, au contraire, recherchent en général les ſaveurs fortes & les liqueurs ſpiritueuſes ; alimens plus convenables à la vie active & laborieuſe que la nature leur demande ; & quand ces divers goûts viennent à s'altérer & ſe confondre, c'eſt une marque preſque infaillible du mélange desordonné des ſexes. En effet j'ai remarqué qu'en France, où les femmes vivent ſans ceſſe avec les hommes, elles ont tout à fait perdu le goût du laitage, les hommes beaucoup celui du vin, & qu'en Angleterre où les deux ſexes ſont moins confondus, leur goût propre s'eſt mieux conſervé. En général, je penſe qu'on pourroit ſouvent trouver quelque indice du caractere des gens dans le choix des alimens quils préferent. Les Italiens qui

qui vivent beaucoup d'herbages ſont effeminés & mous. Vous autres Anglois, grands mangeurs de viande, avez dans vos inflexibles vertus quelque choſe de dur & qui tient de la barbarie. Le Suiſſe, naturellement froid paiſible & ſimple, mais violent & emporté dans la colere, aime à la fois l'un & l'autre aliment, & boit du laitage & du vin. Le François, ſouple & changeant, vit de tous les mets & ſe plie à tous les caracteres. Julie elle même pourroit me ſervir d'exemple: car quoique ſenſuelle & gourmande dans ſes repas, elle n'aime ni la viande, ni les ragoûts, ni le ſel, & n'a jamais goûté de vin pur. D'excellens légumes, les œufs, la crême, les fruits; voila ſa nourriture ordinaire, & ſans le poiſſon qu'elle aime auſſi beaucoup, elle ſeroit une véritable pitagoricienne.

Ce n'eſt rien de contenir les femmes ſi l'on ne contient auſſi les hommes, & cette partie de la regle, non moins importante

tante que l'autre, eſt plus difficile encore; car l'attaque eſt en général plus vive que la deffenſe: c'eſt l'intention du conſervateur de la nature. Dans la République on retient les citoyens par des mœurs, des principes, de la vertu: mais comment contenir des domeſtiques, des mercenaires, autrement que par la contrainte & la gêne? Tout l'art du maitre eſt de cacher cette gêne ſous le voile du plaiſir ou de l'intérêt, en ſorte qu'ils penſent vouloir tout ce qu'on les oblige de faire. L'oiſiveté du dimanche, le droit qu'on ne peut gueres leur ôter d'aller où bon leur ſemble quand leurs fonctions ne les retiennent point au logis, détruiſent ſouvent en un ſeul jour l'exemple & les leçons des ſix autres. L'habitude du cabaret, le commerce & les maximes de leurs camarades, la fréquentation des femmes débauchées, les perdant bientôt pour leurs maitres & pour eux-mêmes, les rendent par mille défauts incapables du ſervice, & indignes de la liberté.

On remédie à cet inconvénient en les retenant par les mêmes motifs qui les portoient à ſortir. Qu'alloient-ils faire ailleurs? Boire & jouer au cabaret. Ils boivent & jouent au logis. Toute la différence eſt que le vin ne leur coûte rien, qu'ils ne s'enivrent pas, & qu'il y a des gagnans au jeu ſans que jamais perſonne perde. Voici comment on s'y prend pour cela.

Derriere la maiſon eſt une allée couverte, dans laquelle on a établi la lice des jeux. C'eſt là que les gens de livrée, & ceux de la baſſe-cour ſe raſſemblent en été le dimanche après le prêche, pour y jouer en pluſieurs parties liées, non de l'argent, on ne le ſouffre pas, ni du vin, on leur en donne; mais une miſe fournie par la libéralité des maitres. Cette miſe eſt toujours quelque petit meuble ou quel-

quelque nippe à leur ufage. Le nombre des jeux eft proportionné à la valeur de la mife, en forte que quand cette mife eft un peu confidérable comme des boucles d'argent, un porte-col, des bas de foye, un chapeau fin, ou autre chofe femblable, on employe ordinairement plufieurs féances à la difputer. On ne s'en tient point à une feule efpece de jeu, on les varie, afin que le plus habile dans un n'emporte pas toutes les mifes, & pour les rendre tous plus adroits & plus forts par des exercices multipliés. Tantôt c'eft à qui enlevera à la courfe un but placé à l'autre bout de l'avenue; tentôt à qui lancera le plus loin la même pierre; tantôt à qui portera le plus longtems le même fardeau. Tantôt on difpute un prix en tirant au blanc. On joint à la plupart de ces jeux un petit appareil qui les prolonge & les rend amufans. Le maitre & la maitreffe les honorent fouvent de leur préfence;

ſence ; on y amene quelquefois les enfans, les étrangers même y viennent attirés par la curioſité, & pluſieurs ne demanderoient pas mieux que d'y concourir ; mais nul n'eſt jamais admis qu'avec l'agrément des maitres & du conſentement des joueurs, qui ne trouveroient pas leur compte à l'accorder aiſément. Inſenſiblement il s'eſt fait de cet uſage une eſpece de ſpectacle où les acteurs animés par les regards du public préferent la gloire des applaudiſſemens à l'intérêt du prix. Devenus plus vigoureux & plus agiles, ils s'en eſtiment davantage, & s'accoutumant à tirer leur valeur d'eux-mêmes plutôt que de ce qu'ils poſſédent, tout valets qu'ils ſont, l'honneur leur devient plus cher que l'argent.

Il feroit long de vous détailler tous les biens qu'on retire ici d'un ſoin ſi puérile en apparence & toujours dédaigné des eſprits vulgaires, tandis que c'eſt le propre

de

du vrai génie de produire de grands effets par de petits moyens. M. de Wolmar m'a dit qu'il lui en coûtoit à peine cinquante écus par an pour ces petits établissemens que sa femme a la premiere imaginés. Mais, dit-il, combien de fois croyez vous que je regagne cette somme dans mon menage & dans mes affaires par la vigilance & l'attention que donnent à leur service des domestiques attachés qui tiennent tous leurs plaisirs de leurs maitres; par l'intérêt qu'ils prennent à celui d'une maison qu'ils regardent comme la leur; par l'avantage de profiter dans leurs travaux de la vigueur qu'ils acquierent dans leurs jeux; par celui de les conserver toujours sains en les garantissant des excès ordinaires à leurs pareils, & des maladies qui sont la suite ordinaire de ces excès; par celui de prévenir en eux les friponneries que le desordre amene infailliblement, & de les conserver toujours honnêtes gens ; enfin par le plaiſir d'avoir chez nous à peu de fraix des récréations agréables pour nous-mêmes ? Que s'il ſe trouve parmi nos gens quelqu'un ſoit homme ſoit femme qui ne s'accomode pas de nos regles & leur préfere la liberté d'aller ſous divers prétextes courir où bon lui ſemble; on ne lui en refuſe jamais la permiſſion; mais nous regardons ce goût de licence comme un indice très ſuſpect, & nous ne tardons pas à nous défaire de ceux qui l'ont. Ainſi ces mêmes amuſemens qui nous conſervent de bons ſujets, nous ſervent encore d'épreuve pour les choiſir. Milord, j'avoue que je n'ai jamais vu qu'ici des maitres former à la fois dans les mêmes hommes de bons domeſtiques pour le ſervice de leurs perſonnes, de bons payſans pour cultiver leurs terres, de bons ſoldats pour la deffenſe de la patrie, & des gens de bien pour tous les états où la fortune peut les apeller.

L'hi-

L'hiver les plaiſirs changent d'eſpece ainſi que les travaux. Les dimanches, tous les gens de la maiſon & même les voiſins, hommes & femmes indifférement ſe raſſemblent après le ſervice dans une Salle-baſſe où ils trouvent du feu, du vin, des fruits, des gâteaux, & un violon qui les fait danſer. Mad^e^. de Wolmar ne manque jamais de s'y rendre au moins pour quelques inſtans, afin d'y maintenir par ſa préſence l'ordre & la modeſtie, & il n'eſt pas rare qu'elle y danſe elle-même, fut-ce avec ſes propres gens. Cette regle quand je l'appris me parut d'abord moins conforme à la ſévérité des mœurs proteſtantes. Je le dis à Julie; & voici à peu près ce qu'elle me répondit.

La pure morale eſt ſi chargée de devoirs ſéveres que ſi on la ſurcharge encore de formes indifférentes, c'eſt preſque toujours aux dépends de l'eſſenciel. On dit que c'eſt le cas de la plupart des Moines, qui, ſoumis à mille regles inutiles, ne ſavent ce que c'eſt qu'honneur & vertu. Ce défaut regne moins parmi nous, mais nous n'en ſommes pas tout à fait exemps. Nos Gens d'Egliſe, auſſi ſupérieurs en ſageſſe à toutes les ſortes de Prêtres que notre Religion eſt ſupérieure à toutes les autres en ſainteté, ont pourtant encore quelques maximes qui paroiſſent plus fondées ſur le préjugé que ſur la raiſon. Telle eſt celle qui blâme la danſe & les aſſemblées, comme s'il y avoit plus de mal à danſer qu'à chanter, que chacun de ces amuſemens ne fut pas également une inſpiration de la nature, & que ce fut un crime de s'égayer en commun par une récréation innocente & honnête. Pour moi, je penſe au contraire que toutes les fois qu'il y a concours des deux ſexes tout divertiſſement public devient innocent par cela même qu'il eſt public, au lieu que l'occupation la plus louable eſt ſuſpecte dans le

tête-

tête-à-tête (*). L'homme & la femme ſont deſtinés l'un pour l'autre, la fin de la nature eſt qu'ils ſoient unis par le mariage. Toute fauſſe Religion combat la nature, la notre ſeule qui la ſuit & la rectifie annonce une inſtitution divine & convenable à l'homme. Elle ne doit donc point ajoûter ſur le mariage aux embarras de l'ordre civil des difficultés que l'Evangile ne preſcrit pas, & qui ſont contraires à l'eſprit du Chriſtianiſme. Mais qu'on me diſe où de jeunes perſonnes à marier auront occaſion de prendre du goût l'une pour l'autre, & de ſe voir avec plus de décence & de circonſpection que dans une aſſemblée où les yeux du public inceſſamment tournés ſur elles les for-

(*) Dans ma Lettre à M. d'Alembert ſur les ſpectacles j'ai tranſcrit de celle-ci le morceau ſuivant, & quelques autres; mais comme alors je ne faiſois que préparer cette édition, j'ai cru devoir attendre qu'elle parût pour citer ce que j'en avois tiré.

forcent à s'obſerver avec le plus grand ſoin? En quoi Dieu eſt-il offenſé par un exercice agréable & ſalutaire, convenable à la vivacité de la jeuneſſe, qui conſiſte à ſe préſenter l'un à l'autre avec grace & bienſéance, & auquel le ſpectateur impoſe une gravité dont perſonne n'oſeroit ſortir? Peut-on imaginer un moyen plus honnête de ne tromper perſonne au moins quand à la figure, & de ſe montrer avec les agrémens & les défauts qu'on peut avoir aux gens qui ont intérêt de nous bien connoître avant de s'obliger à nous aimer? Le devoir de ſe chérir réciproquement n'emporte-t-il pas celui de ſe plaire, & n'eſt-ce pas un ſoin digne de deux perſonnes vertueuſes & chrétiennes qui ſongent à s'unir, de préparer ainſi leurs cœurs à l'amour mutuel que Dieu leur impoſe?

Qu'arrive-t-il dans ces lieux où regne une éternelle contrainte, où l'on punit comme un crime la plus innocente gaîté, où où les jeunes gens des deux ſexes n'oſent jamais s'aſſembler en public, & où l'indiſcrete ſévérité d'un Paſteur ne ſait prêcher au nom de Dieu qu'une gêne ſervile, & la triſteſſe & l'ennui? On élude une tirannie inſupportable que la nature & la raiſon deſavouent. Aux plaiſirs permis dont on prive une jeuneſſe enjouée & folâtre, elle en ſubſtitue de plus dangereux. Les tête-à-tête adroitement concertés prennent la place des aſſemblées publiques. A force de ſe cacher comme ſi l'on étoit coupable, on eſt tenté de le devenir. L'innocente joye aime à s'évaporer au grand jour, mais le vice eſt ami des ténebres, & jamais l'innocence & le miſtere n'habiterent longtems enſemble. Mon cher ami, me dit-elle en me ſerrant la main comme pour me communiquer ſon repentir & faire paſſer dans mon cœur la pureté du ſien; qui doit mieux ſentir que nous toute l'importance de cette maxime?. Que de douleurs & de peines, que de remords & de pleurs nous nous ſerions épargnés durant tant d'années, ſi tous deux aimant la vertu comme nous avons toujours fait, nous avions ſu prévoir de plus loin les dangers qu'elle court dans le tête-à-tête!

Encore un coup, continua Mad^e. de Wolmar d'un ton plus tranquille, ce n'eſt point dans les aſſemblées nombreuſes où tout le monde nous voit & nous écoute, mais dans des entretiens particuliers où regnent le ſecret & la liberté, que les mœurs peuvent courir des riſques. C'eſt ſur ce principe, que quand mes domeſtiques des deux ſexes ſe raſſemblent, je ſuis bien aiſe qu'ils y ſoient tous. J'approuve même qu'ils invitent parmi les jeunes gens du voiſinage ceux dont le commerce n'eſt point capable de leur nuire, & j'apprends avec grand plaiſir que pour louer les mœurs de quelqu'un de nos jeunes voiſins, on dit; il eſt reçu chez M. de Wolmar. En ceci nous avons encore une autre vue. Les hommes

hommes qui nous servent sont tous garçons, & parmi les femmes la gouvernante des enfans est encore à marier; il n'est pas juste que la reserve où vivent ici les uns & les autres leur ôte l'occasion d'un honnête établissement. Nous tâchons dans ces petites assemblées de leur procurer cette occasion sous nos yeux pour les aider à mieux choisir, & en travaillant ainsi à former d'heureux ménages nous augmentons le bonheur du notre.

Il resteroit à me justifier moi-même de danser avec ces bonnes gens; mais j'aime mieux passer condannation sur ce point, & j'avoue franchement que mon plus grand motif en cela est le plaisir que j'y trouve. Vous savez que j'ai toujours partagé la passion que ma Cousine a pour la danse; mais après la perte de ma mere je renonçai pour ma vie au bal & à toute assemblée publique; j'ai tenu parole, même à mon mariage, & la tiendrai, sans croire y déroger en dansant quelquefois chez moi avec mes hôtes & mes domestiques. C'est un exercice utile à ma santé durant la vie sédentaire qu'on est forcé de mener ici l'hiver. Il m'amuse innocemment; car quand j'ai bien dansé mon cœur ne me reproche rien. Il amuse aussi M. de Wolmar, toute ma coqueterie en cela se borne à lui plaire. Je suis cause qu'il vient au lieu où l'on danse; ses gens en sont plus contens d'être honorés des regards de leur maitre; ils témoignent aussi de la joye à me voir parmi eux. Enfin je trouve que cette familiarité modérée forme entre nous un lien de douceur & d'attachement qui ramene un peu l'humanité naturelle, en tempérant la bassesse de la servitude & la rigueur de l'autorité.

Voila, Milord, ce que me dit Julie au sujet de la danse, & j'admirai comment avec tant d'affabilité pouvoit regner tant de subordination, & comment elle & son mari pouvoient descendre & s'égaler si souvent à leurs domestiques, sans que ceux-

ceux-ci fussent tentés de les prendre au mot & de s'égaler à eux à leur tour. Je ne crois pas qu'il y ait des Souverains en Asie servis dans leurs Palais avec plus de respect que ces bons maitres le sont dans leur maison. Je ne connois rien de moins impérieux que leurs ordres & rien de si promptement exécuté : Ils prient & l'on vole ; ils excusent & l'on sent son tort. Je n'ai jamais mieux compris combien la force des choses qu'on dit dépend peu des mots qu'on employe.

Ceci m'a fait faire une autre réflexion sur la vaine gravité des maitres. C'est que ce sont moins leurs familiarités que leurs défauts qui les font mépriser chez eux, & que l'insolence des Domestiques annonce plutôt un maitre vicieux que foible : car rien ne leur donne autant d'audace que la connoissance de ses vices, & tous ceux qu'ils découvrent en lui sont à leurs yeux autant de dispenses d'obéir à un homme qu'ils ne sauroient plus respecter.

Les valets imitent les maitres, & les imitant grossierement ils rendent sensibles dans leur conduite les défauts que le vernis de l'éducation cache mieux dans les autres. A Paris je jugeois des mœurs des femmes de ma connoissance par l'air & le ton de leurs femmes de chambre, & cette regle ne m'a jamais trompé. Outre que la femme de chambre une fois dépositaire du secret de sa maitresse lui fait payer cher sa discretion, elle agit comme l'autre pense & décele toutes ses maximes en les pratiquant mal-adroitement. En toute chose l'exemple des maitres est plus fort que leur autorité, & il n'est pas naturel que leurs domestiques veuillent être plus honnêtes gens qu'eux. On a beau crier, jurer, maltraiter, chasser, faire maison nouvelle; tout cela ne produit point le bon service. Quand celui qui ne s'embarrasse pas d'être méprisé & haï de ses gens s'en croit pourtant bien servi, c'est qu'il se contente de ce qu'il voit & d'une d'une exactitude apparente, sans tenir compte de mille maux secrets qu'on lui fait incessamment & dont il n'apperçoit jamais la source. Mais où est l'homme assés dépourvû d'honneur pour pouvoir supporter les dédains de tout ce qui l'environne? Où est la femme assés perdue pour n'être plus sensible aux outrages? Combien, dans Paris & dans Londres, de Dames se croyent fort honorées, qui fondroient en larmes si elles entendoient ce qu'on dit d'elles dans leur antichambre? Heureusément pour leur repos elles se rassurent en prenant ces Argus pour des imbéciles, & se flatant qu'ils ne voyent rien de ce qu'elles ne daignent pas leur cacher. Aussi dans leur mutine obéissance ne leur cachent-ils guere à leur tour le mépris qu'ils ont pour elles. Maitres & Valets sentent mutuellement que ce n'est pas la peine de se faire estimer les uns des autres.

Le jugement des Domestiques me paroit

roit être l'épreuve la plus ſûre & la plus difficile de la vertu des maitres, & je me ſouviens, Milord, d'avoir bien penſé de la votre en Valais ſans vous connoitre, ſimplement ſur ce que parlant aſſés rudement à vos gens, ils ne vous en étoient pas moins attachés, & qu'ils témoignoient entre eux autant de reſpect pour vous en votre abſence que ſi vous les euſſiez entendus. On a dit qu'il n'y avoit point de héros pour ſon valet-de-chambre; cela peut être; mais l'homme juſte a l'eſtime de ſon valet; ce qui montre aſſés que l'héroïſme n'a qu'une vaine apparence, & qu'il n'y a rien de ſolide que la vertu. C'eſt ſurtout dans cette maiſon qu'on reconnoit la force de ſon empire dans le ſuffrage des domeſtiques. Suffrage d'autant plus ſûr qu'il ne conſiſte point en de vains éloges, mais dans l'expreſſion naturelle de ce qu'ils ſentent. N'entendant jamais rien ici qui leur faſſe croire que les autres maitres ne reſ-

ſem-

ſemblent pas aux leurs, ils ne les louent point des vertus qu'ils eſtiment communes à tous; mais ils louent Dieu dans leur ſimplicité d'avoir mis des riches ſur la terre pour le bonheur de ceux qui les ſervent, & pour le ſoulagement des pauvres.

La ſervitude eſt ſi peu naturelle à l'homme qu'elle ne ſauroit exiſter ſans quelque mécontentement. Cependant on reſpecte le maitre & l'on n'en dit rien. Que s'il échape quelques murmures contre la maitreſſe, ils valent mieux que des éloges. Nul ne ſe plaint qu'elle manque pour lui de bienveuillance, mais qu'elle en accorde autant aux autres; nul ne peut ſouffrir qu'elle faſſe comparaiſon de ſon zele avec celui de ſes camarades, & chacun voudroit être le premier en faveur comme il croit l'être en attachement. C'eſt là leur unique plainte & leur plus grande injuſtice.

A la ſubordination des inférieurs ſe joint

joint la concorde entre les égaux, & cette partie de l'administration domestique n'est pas la moins difficile. Dans les concurrences de jalousie & d'intérêt qui divisent sans cesse les gens d'une maison, même aussi peu nombreuse que celle-ci, ils ne demeurent presque jamais unis qu'aux dépends du maitre. S'ils s'accordent, c'est pour voler de concert; s'ils sont fideles chacun se fait valoir aux dépends des autres; il faut qu'ils soient ennemis ou complices, & l'on voit à peine le moyen d'éviter à la fois leur friponnerie & leurs dissentions. La plupart des peres de famille ne connoissent que l'alternative entre ces deux inconvéniens. Les uns, préférant l'intérêt à l'honnêteté, fomentent cette disposition des Valets aux secrets raports & croyent faire un chef-d'œuvre de prudence en les rendant espions & surveillans les uns des autres. Les autres plus indolens aiment mieux

qu'on

qu'on les vole & qu'on vive en paix ; ils se font une sorte d'honneur de recevoir toujours mal des avis qu'un pur zele arrache quelquefois à un Serviteur fidelle. Tous s'abusent également. Les premiers en excitant chez eux des troubles continuels, incompatibles avec la regle & le bon ordre n'assemblent qu'un tas de fourbes & de délateurs qui s'exercent en trahissant leurs camarades à trahir peut-être un jour leurs maitres. Les seconds, en refusant d'apprendre ce qui se fait dans leur maison autorisent les ligues contre eux-mêmes, encouragent les méchans, rebutent les bons, & n'entretiennent à grands fraix que des fripons arrogans & paresseux, qui, s'accordant aux dépends du maitre, regardent leurs services comme des graces, & leurs vols comme des droits (*).

C'est

(*) J'ai éxaminé d'assés près la police des grandes maisons, & j'ai vû clairement qu'il est im-

C'eſt une grande erreur dans l'économie domeſtique ainſi que dans la civile de vouloir combattre un vice par un autre ou former entre eux une ſorte d'équilibre, comme ſi ce qui ſape les fondemens de l'ordre pouvoit jamais ſervir à l'établir! On ne fait par cette mauvaiſe police que réunir enfin tous les inconvéniens. Les vices tolérés dans une maiſon n'y regnent pas ſeuls; laiſſez en germer un, mille viendront à ſa ſuite. Bientôt ils perdent les valets qui les ont, ruinent le maitre qui les ſouffre, corrompent ou ſcandaliſent les enfans attentifs à les obſerver. Quel indigne pere oſeroit mettre quelque avantage

impoſſible à un maitre qui a vingt domeſtiques de venir jamais à bout de ſavoir s'il y a parmi eux un honnête homme, & de ne pas prendre pour tel le plus méchant fripon de tous. Cela ſeul me dégoûteroit d'être au nombre des riches. Un des plus doux plaiſirs de la vie, le plaiſir de la confiance & de l'eſtime eſt perdu pour ces malheureux : Ils achetent bien cher tout leur or.

tage en balance avec ce dernier mal? Quel honnête-homme voudroit être chef de famille, s'il lui étoit impoſſible de réunir dans ſa maiſon la paix & la fidélité, & qu'il falut acheter le zele de ſes domeſtiques aux dépends de leur bienveuillance mutuelle?

Qui n'auroit vû que cette maiſon n'imagineroit pas même qu'une pareille difficulté put exiſter, tant l'union des membres y paroit venir de leur attachement aux chefs. C'eſt ici qu'on trouve le ſenſible exemple qu'on ne ſauroit aimer ſincerement le maitre ſans aimer tout ce qui lui appartient; vérité qui ſert de fondement à la charité chrétienne. N'eſt-il pas bien ſimple que les enfans du même pere ſe traitent en freres entre eux? C'eſt ce qu'on nous dit tous les jours au Temple ſans nous le faire ſentir; c'eſt ce que les habitans de cette maiſon ſentent ſans qu'on le leur diſe.

Cette diſpoſition à la concorde commence

mence par le choix des Sujets. M. de Wolmar n'examine pas ſeulement en les recevant s'ils conviennent à ſa femme & à lui, mais s'ils ſe conviennent l'un à l'autre, & l'antipathie bien reconnue entre deux excellens domeſtiques ſuffiroit pour faire à l'inſtant congédier l'un des deux: car, dit Julie, une maiſon ſi peu nombreuſe, une maiſon dont ils ne ſortent jamais & où ils ſont toujours vis-à-vis les uns des autres, doit leur convenir également à tous, & ſeroit un enfer pour eux ſi elle n'étoit une maiſon de paix. Ils doivent la regarder comme leur maiſon paternelle où tout n'eſt qu'une même famille. Un ſeul qui déplairoit aux autres pourroit la leur rendre odieuſe, & cet objet deſagréable y frapant inceſſamment leurs regards, ils ne ſeroient bien ici ni pour eux ni pour nous.

Après les avoir aſſortis le mieux qu'il eſt poſſible, on les unit pour ainſi dire malgré eux par les ſervices qu'on les force ce en quelque ſorte à ſe rendre, & l'on fait que chacun ait un ſenſible intérêt d'être aimé de tous ſes camarades. Nul n'eſt ſi bien venu à demander des graces pour lui-même que pour un autre; ainſi celui qui deſire en obtenir tâche d'engager un autre à parler pour lui, & cela eſt d'autant plus facile que ſoit qu'on accorde ou qu'on refuſe une faveur ainſi demandée, on en fait toujours un mérite à celui qui s'en eſt rendu l'interceſſeur. Au contraire, on rebute ceux qui ne ſont bons que pour eux. Pourquoi, leur dit-on, accorderois-je ce qu'on me demande pour vous qui n'avez jamais rien demandé pour perſonne? Eſt-il juſte que vous ſoyez plus heureux que vos camarades, parce qu'ils ſont plus obligeans que vous? On fait plus; on les engage à ſe ſervir mutuellement en ſecret, ſans oſtentation, ſans ſe faire valoir. Ce qui eſt d'autant moins difficile à obtenir qu'ils ſavent fort bien que le maitre, témoin de cette diſcretion, les en eſtime davantage; ainſi l'intérêt y gagne & l'amour propre n'y perd rien. Ils ſont ſi convaincus de cette diſpoſition générale, & il regne une telle confiance entre eux, que quand quelqu'un a quelque grace à demander, il en parle à leur table par forme de converſation; ſouvent ſans avoir rien fait de plus il trouve la choſe demandée & obtenue, & ne ſachant qui remercier, il en a l'obligation à tous.

C'eſt par ce moyen & d'autres ſemblables qu'on fait regner entre eux un attachement né de celui qu'ils ont tous pour leur maitre, & qui lui eſt ſubordonné. Ainſi, loin de ſe liguer à ſon préjudice, ils ne ſont tous unis que pour le mieux ſervir. Quelque intérêt qu'ils aient à s'aimer, ils en ont encore un plus grand à lui plaire; le zele pour ſon ſervice l'emporte ſur leur bienveuillance mutuelle, & tous ſe regardant comme léſés par des

pertes

pertes qui le laisseroient moins en état de recompenser un bon serviteur, sont également incapables de souffrir en silence le tort que l'un d'eux voudroit lui faire. Cette partie de la police établie dans cette maison me paroit avoir quelque chose de sublime, & je ne puis assés admirer comment M. & Mad^e. de Wolmar ont sû transformer le vil métier d'accusateur en une fonction de zele, d'intégrité, de courage, aussi noble, ou du moins aussi louable qu'elle l'étoit chez les Romains.

On a commencé par détruire ou prévenir clairement, simplement, & par des exemples sensibles cette morale criminelle & servile, cette mutuelle tolérance aux dépends du maitre qu'un méchant valet ne manque point de prêcher aux bons sous l'air d'une maxime de charité. On leur a bien fait comprendre que le precepte de couvrir les fautes de son prochain ne se rapporte qu'à celles

 qui

qui ne font de tort à personne, qu'un injustice qu'on voit qu'on tait & qui blesse un tiers on la commet soi-même, & que comme ce n'est que le sentiment de nos propres défauts qui nous oblige à pardonner ceux d'autrui, nul n'aime à tolérer les fripons s'il n'est un fripon comme eux. Sur ces principes, vrais en général d'homme à homme, & bien plus rigoureux encore dans la rélation plus étroite du serviteur au maitre, on tient ici pour incontestable que qui voit faire un tort à ses maitres sans le dénoncer est plus coupable encore que celui qui l'a commis; car celui-ci se laisse abuser dans son action par le profit qu'il envisage, mais l'autre de sang froid & sans intérêt n'a pour motif de son silence qu'une profonde indiférence pour la justice, pour le bien de la maison qu'il sert, & un desir secret d'imiter l'exemple qu'il cache. De sorte que quand la fau-

te

te eſt conſidérable, celui qui l'a commiſe peut encore quelquefois eſpérer ſon pardon, mais le témoin qui l'a tue eſt infailliblement congédié comme un homme enclin au mal.

En revanche on ne ſouffre aucune accuſation qui puiſſe être ſuſpecte d'injuſtice & de calomnie ; c'eſt à dire qu'on n'en reçoit aucune en l'abſence de l'accuſé. Si quelqu'un vient en particulier faire quelque raport contre ſon camarade, ou ſe plaindre perſonnellement de lui, on lui demande s'il eſt ſuffiſamment inſtruit, c'eſt à dire, s'il a commencé par s'éclaircir avec celui dont il vient ſe plaindre ? S'il dit que non, on lui demande encore comment il peut juger une action dont il ne connoit pas aſſés les motifs ? Cette action, lui dit-on, tient peut-être à quelque autre qui vous eſt inconnue ; elle a peut-être quelque circonſtance qui ſert à la juſtifier ou à l'excuſer, & que vous ignorez. Comment osez-vous condanner cette conduite avant de savoir les raisons de celui qui l'a tenue? Un mot d'explication l'eut peut-être justifiée à vos yeux? pourquoi risquer de la blâmer injustement & m'exposer à partager votre injustice? S'il assure s'être éclairci auparavant avec l'accusé; pourquoi donc, lui replique-t-on, venez-vous sans lui, comme si vous aviez peur qu'il ne démentit ce que vous avez à dire? De quel droit négligez-vous pour moi la précaution que vous avez cru devoir prendre pour vous-même? Est-il bien de vouloir que je juge sur votre raport d'une action dont vous n'avez pas voulu juger sur le témoignage de vos yeux, & ne seriez-vous pas responsable du jugement partial que j'en pourrois porter, si je me contentois de votre seule déposition? Ensuite on lui propose de faire venir celui qu'il accuse; s'il y consent, c'est une affaire bientôt reglée;

glée; s'il s'y oppoſe, on le renvoye après une forte réprimande, mais on lui garde le ſecret, & l'on obſerve ſi bien l'un & l'autre qu'on ne tarde pas à ſavoir lequel des deux avoit tort.

Cette regle eſt ſi connue & ſi bien établie qu'on n'entend jamais un domeſtique de cette maiſon parler mal d'un de ſes camarades abſent, car ils ſavent tous que c'eſt le moyen de paſſer pour lâche ou menteur. Lorſqu'un d'entre eux en accuſe un autre, c'eſt ouvertement, franchement, & non ſeulement en ſa préſence, mais en celle de tous leurs camarades, afin d'avoir dans les témoins de ſes diſcours des garants de ſa bonne foi. Quand il eſt queſtion de querelles perſonnelles, elles s'accomodent preſque toujours par médiateurs ſans importuner Monſieur ni Madame; mais quand il s'agit de l'intérêt ſacré du maitre, l'affaire ne ſauroit demeurer ſecrette; il faut que le coupable s'accuſe ou qu'il ait un accuſateur. Ces petits plaidoyés ſont très-rares & ne ſe font qu'à table dans les tournées que Julie va faire journellement au diné ou au ſoupé de ſes gens & que M. de Wolmar appelle en riant ſes grands-jours. Alors après avoir écouté paiſiblement la plainte & la réponſe, ſi l'affaire intéreſſe ſon ſervice, elle remercie l'accuſateur de ſon zele. Je ſais, lui dit-elle, que vous aimez votre camarade, vous m'en avez toujours dit du bien, & je vous loue de ce que l'amour du devoir & de la juſtice l'emporte en vous ſur les affections particulieres: c'eſt ainſi qu'en uſe un ſerviteur fidelle & un honnête homme. Enſuite, ſi l'accuſé n'a pas tort, elle ajoûte toujours quelque éloge à ſa juſtification. Mais s'il eſt réellement coupable, elle lui épargne devant les autres une partie de la honte. Elle ſuppoſe qu'il a quelque choſe à dire pour ſa def-

deffenſe, qu'il ne veut pas déclarer devant tant de monde; elle lui aſſigne une heure pour l'entendre en particulier, & c'eſt là qu'elle ou ſon mari leur parlent comme il convient. Ce qu'il y a de ſingulier en ceci, c'eſt que le plus ſevere des deux n'eſt pas le plus redouté, & qu'on craint moins les graves reprimandes de M. de Wolmar que les reproches touchans de Julie. L'un, faiſant parler la juſtice & la vérité, humilie & confond les coupables; l'autre leur donne un regret mortel de l'être, en leur montrant celui qu'elle a d'être forcée à leur oter ſa bienveuillance. Souvent elle leur arrache des larmes de douleur & de honte, & il ne lui eſt pas rare de s'attendrir elle-même en voyant leur repentir, dans l'eſpoir de n'être pas obligée à tenir parole.

Tel qui jugeroit de tous ces ſoins ſur ce qui ſe paſſe chez lui ou chez ſes voiſins, les eſtimeroit peut-être inutiles ou pénibles. Mais vous, Milord, qui avez de ſi grandes idées des devoirs & des plaiſirs du pere de famille, & qui connoiſſez l'empire naturel que le génie & la vertu ont ſur le cœur humain, vous voyez l'importance de ces détails, & vous ſentez à quoi tient leur ſuccès. Richeſſe ne fait pas riche, dit le Roman de la roſe. Les biens d'un homme ne ſont point dans ſes coffres, mais dans l'uſage de ce qu'il en tire; car on ne s'approprie les choſes qu'on poſſede que par leur emploi, & les abus ſont toujours plus inépuiſables que les richeſſes; ce qui fait qu'on ne jouït pas à proportion de ſa dépenſe, mais à proportion qu'on la ſait mieux ordonner. Un fou peut jetter des lingots dans la mer & dire qu'il en a joui: mais quelle comparaiſon entre cette extravagante jouïſſance, & celle qu'un homme ſage eut ſû tirer d'une moindre

ſom-

somme? L'ordre & la regle qui multiplient & perpétuent l'usage des biens peuvent seuls transformer le plaisir en bonheur. Que si c'est du raport des choses à nous que nait la véritable propriété; si c'est plutôt l'emploi des richesses que leur acquisition qui nous les donne, quels soins importent plus au pere de famille que l'économie domestique & le bon régime de sa maison, où les raports les plus parfaits vont le plus directement à lui, & où le bien de chaque membre ajoûte alors à celui du chef?

Les plus riches sont-ils les plus heureux? Que sert donc l'opulence à la félicité? Mais toute maison bien ordonnée est l'image de l'ame du maître. Les lambris dorés, le luxe & la magnificence n'annoncent que la vanité de celui qui les étale, au lieu que par tout où vous verrez regner la regle sans tristesse, la paix sans esclavage, l'abondance sans profusion, dites avec confiance; c'est un être heureux qui commande ici.

Pour moi, je pense que le signe le plus assuré du vrai contentement d'esprit est la vie retirée & domestique, & que ceux qui vont sans cesse chercher leur bonheur chez autrui ne l'ont point chez eux-mêmes. Un pere de famille qui se plait dans sa maison a pour prix des soins continuels qu'il s'y donne la continuelle jouïssance des plus doux sentimens de la nature. Seul entre tous les mortels, il est maitre de sa propre félicité, parce qu'il est heureux comme Dieu même, sans rien desirer de plus que ce dont il jouït: comme cet Etre immense il ne songe pas à amplifier ses possessions mais à les rendre véritablement siennes par les relations les plus parfaites & la direction la mieux entendue: s'il ne s'enrichit pas par de nouvelles acquisitions, il s'enrichit en possédant mieux ce qu'il

a. Il ne jouïssoit que du revenu de ses terres, il jouït encore de ses terres mêmes en présidant à leur culture & les parcourant sans cesse. Son Domestique lui étoit étranger; il en fait son bien, son enfant, il se l'approprie. Il n'avoit droit que sur les actions, il s'en donne encore sur les volontés. Il n'étoit maitre qu'à prix d'argent, il le devient par l'empire sacré de l'estime & des bienfaits. Que la fortune le dépouille de ses richesses, elle ne sauroit lui oter les cœurs qu'il s'est attachés, elle n'ôtera point des enfans à leur pere; toute la différence est qu'il les nourrissoit hier, & qu'il sera demain nourri par eux. C'est ainsi qu'on apprend à jouïr véritablement de ses biens, de sa famille & de soi-même; c'est ainsi que les détails d'une maison deviennent délicieux pour l'honnête homme qui sait en connoitre le prix; c'est ainsi que loin de regarder ses devoirs comme me une charge, il en fait son bonheur, & qu'il tire de ses touchantes & nobles fonctions la gloire & le plaisir d'être homme.

Que si ces précieux avantages sont méprisés ou peu connus, & si le petit nombre même qui les recherche les obtient si rarement, tous cela vient de la même cause. Il est des devoirs simples & sublimes qu'il n'appartient qu'à peu de gens d'aimer & de remplir. Tels sont ceux du pere de famille, pour lesquels l'air & le bruit du monde n'inspirent que du dégoût, & dont on s'acquite mal encore quand on n'y est porté que par des raisons d'avarice & d'intérêt. Tel croit être un bon pere de famille & n'est qu'un vigilant économe; le bien peut prospérer & la maison aller fort mal. Il faut des vues plus élevées pour éclairer, diriger cette importante administration & lui donner un heureux succès. Le pre-

premier ſoin par lequel doit commencer l'ordre d'une maiſon, c'eſt de n'y ſouffrir que d'honnêtes gens qui n'y portent pas le deſir ſecret de troubler cet ordre. Mais la ſervitude & l'honnêteté ſont-elles ſi compatibles qu'on doive eſpérer de trouver des domeſtiques honnêtes gens? Non, Milord, pour les avoir il ne faut pas les chercher, il faut les faire, & il n'y a qu'un homme de bien qui ſache l'art d'en former d'autres. Un hipocrite a beau vouloir prendre le ton de la vertu, il n'en peut inſpirer le goût à perſonne, & s'il ſavoit la rendre aimable il l'aimeroit lui-même. Que ſervent de froides leçons dementies par un exemple continuel, ſi ce n'eſt à faire penſer que celui qui les donne ſe joue de la crédulité d'autrui? Que ceux qui nous exhortent à faire ce qu'ils diſent & non ce qu'ils font, diſent une grande abſurdité! Qui ne fait pas ce qu'il dit ne le dit jamais

mais bien; car le langage du cœur qui touche & perſuade y manque. J'ai quelquefois entendu de ces converſations groſſierement apprêtées, qu'on tient devant les domeſtiques comme devant des enfans pour leur faire des leçons indirectes. Loin de juger qu'ils en fuſſent un inſtant les dupes; je les ai toûjours vus ſourire en ſecret de l'ineptie du maître qui les prenoit pour des ſots, en débitant lourdement devant eux des maximes qu'ils ſavoient bien n'être pas les ſiennes.

Toutes ces vaines ſubtilités ſont ignorées dans cette maiſon, & le grand art des maitres pour rendre leurs domeſtiques tels qu'ils les veulent eſt de ſe montrer à eux tels qu'ils ſont. Leur conduite eſt toujours franche & ouverte, parce qu'ils n'ont pas peur que leurs actions démentent leurs diſcours. Comme ils n'ont point pour eux-mêmes une morale différente de celle

celle qu'ils veulent donner aux autres, ils n'ont pas besoin de circonspection dans leurs propos; un mot étourdiment échapé ne renverse point les principes qu'ils se sont efforcés d'établir. Ils ne disent point indiscretement toutes leurs affaires, mais ils disent librement toutes leurs maximes. A table, à la promenade, tête-à-tête ou devant tout le monde, on tient toujours le même langage; on dit naïvement ce qu'on pense sur chaque chose, & sans qu'on songe à personne, chacun y trouve toujours quelque instruction. Comme les domestiques ne voyent jamais rien faire à leur maitre qui ne soit droit, juste, équitable, ils ne regardent point la justice comme le tribut du pauvre, comme le joug du malheureux, comme une des miseres de leur état. L'attention qu'on a de ne pas faire courir en vain les ouvriers, & perdre des journées pour venir solliciter le payement de de leurs journées, les accoutume à ſentir le prix du tems. En voyant le ſoin des maitres à ménager celui d'autrui, chacun en conclud que le ſien leur eſt précieux & ſe fait un plus grand crime de l'oiſiveté. La confiance qu'on a dans leur intégrité donne à leurs inſtitutions une force qui les fait valoir & prévient les abus. On n'a pas peur que dans la gratification de chaque ſemaine, la maitreſſe trouve toujours que c'eſt le plus jeune ou le mieux fait qui a été le plus diligent. Un ancien domeſtique ne craint pas qu'on lui cherche quelque chicane pour épargner l'augmentation de gages qu'on lui donne. On n'eſpere pas profiter de leur diſcorde pour ſe faire valoir & obtenir de l'un ce qu'aura refuſé l'autre. Ceux qui ſont à marier ne craignent pas qu'on nuiſe à leur établiſſement pour les garder plus longtems, & qu'ainſi leur bon ſervice leur faſſe tort. Si quelque

Valet

Valet étranger venoit dire aux gens de cette maison qu'un maitre & ses domestiques sont entre eux dans un véritable état de guerre, que ceux-ci faisant au premier tout du pis qu'ils peuvent usent en cela d'une juste représaille, que les maitres étant usurpateurs menteurs & fripons il n'y a pas de mal à les traiter comme ils traitent le Prince ou le Peuple ou les particuliers, & à leur rendre adroitement le mal qu'ils font à force ouverte; celui qui parleroit ainsi ne seroit entendu de personne; on ne s'avise pas même ici de combattre ou prévenir de pareils discours; il n'appartient qu'à ceux qui les font naitre d'être obligés de les réfuter.

Il n'y a jamais ni mauvaise humeur ni mutinerie dans l'obéïssance, parce qu'il n'y a ni hauteur ni caprice dans le commandement, qu'on n'exige rien qui ne soit raisonnable & utile, & qu'on respecte

pecte assés la dignité de l'homme quoique dans la servitude pour ne l'occuper qu'à des choses qui ne l'avilissent point. Au surplus, rien n'est bas ici que le vice, & tout ce qui est utile & juste est honnête & bienséant.

Si l'on ne souffre aucune intrigue au dehors, personne n'est tenté d'en avoir? Ils savent bien que leur fortune la plus assurée est attachée à celle du maitre, & qu'ils ne manqueront jamais de rien tant qu'on verra prospérer la maison. En la servant ils soignent donc leur patrimoine, & l'augmentent en rendant leur service agréable; c'est là leur plus grand intérêt. Mais ce mot n'est guere à sa place en cette occasion, car je n'ai jamais vû de police où l'intérêt fut si sagement dirigé & où pourtant il influât moins que dans celle-ci. Tout se fait par attachement: l'on diroit que ces ames venales se purifient en entrant dans

ce

ce séjour de sagesse & d'union. L'on diroit qu'une partie des lumieres du maitre & des sentimens de la maitresse ont passé dans chacun de leurs gens ; tant on les trouve judicieux, bienfaisans, honnêtes & supérieurs à leur état. Se faire estimer, considérer, bien vouloir, est leur plus grande ambition, & ils comptent les mots obligeans qu'on leur dit, comme ailleurs les étrennes qu'on leur donne.

Voila, Milord, mes principales observations sur la partie de l'économie de cette maison qui regarde les domestiques & mercenaires. Quant à la maniere de vivre des maitres & au gouvernement des enfans, chacun de ces articles mérite bien une lettre à part. Vous savez à quelle intention j'ai commencé ces remarques ; mais en vérité, tout cela forme un tableau si ravissant qu'il ne faut pour aimer à le contempler, d'autre intérêt que le plaisir qu'on y trouve.

LETTRE XI.

A Milord Edouard.

NOn, Milord, je ne m'en dédis point; on ne voit rien dans cette maison qui n'associe l'agréable à l'utile; mais les occupations utiles ne se bornent pas aux soins qui donnent du profit; elles comprennent encore tout amusement innocent & simple qui nourrit le goût de la retraite, du travail, de la modération, & conserve à celui qui s'y livre une ame saine, un cœur libre du trouble des passions. Si l'indolente oisiveté n'engendre que la tristesse & l'ennui, le charme des doux loisirs est le fruit d'une vie laborieuse. On ne travaille que pour jouïr; cette alternative de peine & de jouïssance est notre véritable vocation. Le repos qui sert de délassement aux travaux passés & d'encourageragement à d'autres n'eſt pas moins néceſſaire à l'homme que le travail même.

Après avoir admiré l'effet de la vigilance & des ſoins de la plus reſpectable mere de famille dans l'ordre de ſa maiſon, j'ai vu celui de ſes récréations dans un lieu retiré dont elle fait ſa promenade favorite & qu'elle appelle ſon Eliſée.

Il y avoit pluſieurs jours que j'entendois parler de cet Eliſée dont on me faiſoit une eſpece de miſtere. Enfin hier après diné, l'extrême chaleur rendant le dehors & le dedans de la maiſon preſque également inſupportables, M. de Wolmar propoſa à ſa femme de ſe donner congé cet après-midi, & au lieu de ſe retirer comme à l'ordinaire dans la chambre de ſes enfans juſques vers le ſoir, de venir avec nous reſpirer dans le verger; elle y conſentit & nous nous y rendimes enſemble.

Ce lieu, quoique tout proche de la mai-

maiſon eſt tellement caché par l'allée couverte qui l'en ſépare qu'on ne l'apperçoit de nulle part. L'épais feuillage qui l'environne ne permet point à l'œil d'y pénétrer, & il eſt toujours ſoigneuſement fermé à la clé. A peine fus-je au dedans que la porte étant maſquée par des aulnes & des coudriers qui ne laiſſent que deux étroits paſſages ſur les côtés, je ne vis plus en me retournant par où j'étois entré, & n'appercevant point de porte, je me trouvai là comme tombé des nues.

En entrant dans ce prétendu verger, je fus frappé d'une agréable ſenſation de fraicheur que d'obſcurs ombrages, une verdure animée & vive, des fleurs éparſes de tous côtés, un gazouillement d'eau courante & le chant de mille oiſeaux porterent à mon imagination du moins autant qu'à mes ſens; mais en même tems je crus voir le lieu le plus ſauvage, le plus

ſolitaire

ſolitaire de la nature, & il me ſembloit d'être le premier mortel qui jamais eut pénétré dans ce deſert. Surpris, ſaiſi, tranſporté d'un ſpectacle ſi peu prévu, je reſtai un moment immobile, & m'écriai dans un enthouſiaſme involontaire; O Tinian! ô Juan Fernandez (*)! Julie, le bout du monde eſt à votre porte! Beaucoup de gens le trouvent ici comme vous, dit-elle avec un ſourire; mais vingt pas de plus les ramenent bien vîte à Clarens: voyons ſi le charme tiendra plus longtems chez vous. C'eſt ici le même verger où vous vous êtes promené autrefois, & où vous vous batiez avec ma Couſine à coups de pêches. Vous ſavez que l'herbe y étoit aſſés aride, les arbres aſſés clair-ſemés, donnant aſſés peu d'ombre, & qu'il n'y avoit point d'eau. Le voila main-

(*) Iſles déſertes de la mer du Sud, celebres dans le voyage de l'Amiral Anſon.

maintenant frais, verd, habillé, paré, fleuri, arrosé: que pensez-vous qu'il m'en a coûté pour le mettre dans l'état où il est? Car il est bon de vous dire que j'en suis la surintendante & que mon mari m'en laisse l'entiere disposition. Ma foi, lui dis-je, il ne vous en a coûté que de la négligence. Ce lieu est charmant, il est vrai, mais agreste & abandonné; je n'y vois point de travail humain. Vous avez fermé la porte; l'eau est venue je ne sais comment; la nature seule a fait tout le reste & vous-même n'eussiez jamais sû faire aussi bien qu'elle. Il est vrai, dit-elle, que la nature a tout fait, mais sous ma direction, & il n'y a rien là que je n'aye ordonné. Encore un coup, devinez. Premierement, repris-je, je ne comprends point comment avec de la peine & de l'argent on a pu suppléer au tems. Les arbres .... quant à cela, dit M. de Wolmar, vous remarquerez qu'il n'y n'y en a pas beaucoup de fort grands, & ceux-là y étoient déja. De plus, Julie a commencé ceci longtems avant ſon mariage & preſque d'abord après la mort de ſa mere, qu'elle vint avec ſon pere chercher ici la ſolitude. Hébien, dis-je, puiſque vous voulez que tous ces maſſifs, ces grands berceaux, ces touffes pendantes, ces bosquets ſi bien ombragés ſoient venus en ſept ou huit ans & que l'art s'en ſoit mêlé, j'eſtime que ſi dans une enceinte auſſi vaſte vous avez fait tout cela pour deux-mille écus, vous avez bien économiſé. Vous ne ſurfaites que de deux-mille écus, dit-elle, il ne m'en a rien coûté. Comment, rien? Non, rien: à moins que vous ne comptiez une douzaine de journées par an de mon jardinier, autant de deux ou trois de mes gens, & quelques unes de M. de Wolmar lui-même qui n'a pas dédaigné d'être quelquefois mon garçon

 jardi-

jardinier. Je ne comprenois rien à cette énigme; mais Julie qui jusques-là m'avoit retenu, me dit en me laissant aller; avancez & vous comprendrez. Adieu Tinian, adieu Juan Fernandez, adieu tout l'enchantement! Dans un moment vous allez être de retour du bout du monde.

Je me mis à parcourir avec extase ce verger ainsi métamorphosé; & si je ne trouvai point de plantes exotiques & de productions des Indes, je trouvai celles du pays disposées & réunies de maniere à produire un effet plus riant & plus agréable. Le gazon verdoyant, épais, mais court & serré étoit mêlé de serpolet, de baume, de thim, de marjolaine, & d'autres herbes odorantes. On y voyoit briller mille fleurs des champs, parmi lesquelles l'œil en démêloit avec surprise quelques unes de jardin, qui sembloient croitre naturellement avec les au-

tres.

tres. Je rencontrois de tems en tems des touffes obſcures, impénétrables aux rayons du ſoleil comme dans la plus épaiſſe forêt; ces touffes étoient formées des arbres du bois le plus flexible, dont on avoit fait recourber les branches, pendre en terre, & prendre racine, par un art ſemblable à ce que font naturellement les mangles en Amérique. Dans les lieux plus découverts, je voyois çà & là ſans ordre & ſans ſimétrie des brouſſailles de roſes, de framboiſiers, de groſeilles, des fourrés de lilac, de noiſettier, de ſureau, de ſeringa, de genêt, de trifolium, qui paroient la terre en lui donnant l'air d'être en friche. Je ſuivois des allées tortueuſes & irrégulieres bordées de ces boccages fleuris, & couvertes de mille guirlandes de vigne de Judée, de vigne vierge, de houblon, de liſeron, de couleuvrée, de clématite, & d'autres plantes de cette eſpece, parmi leſquelles le chevrefeuil &

le jasmin daignoient se confondre. Ces guirlandes sembloient jettées négligemment d'un arbre à l'autre, comme j'en avois remarqué quelquefois dans les forêts, & formoient sur nous des especes de draperies qui nous garantissoient du soleil, tandis que nous avions sous nos pieds un marcher doux, comode, & sec sur une mousse fine sans sable, sans herbe, & sans rejettons raboteux. Alors seulement je découvris, non sans surprise que ces ombrages verds & touffus qui m'en avoient tant imposé de loin, n'étoient formés que de ces plantes rampantes & parasites qui, guidées le long des arbres, environnoient leurs têtes du plus épais feuillage & leurs pieds d'ombre & de fraicheur. J'observai même qu'au moyen d'une industrie assés simple on avoit fait prendre racine sur les troncs des arbres à plusieurs de ces plantes, de sorte qu'elles s'étendoient davantage

en

en faiſant moins de chemin. Vous concevez bien que les fruits ne s'en trouvent pas mieux de toutes ces additions; mais dans ce lieu ſeul on a ſacrifié l'utile à l'agréable, & dans le reſte des terres on a pris un tel ſoin des plans & des arbres qu'avec ce verger de moins la récolte en fruits ne laiſſe pas d'être plus forte qu'auparavant. Si vous ſongez combien au fond d'un bois on eſt charmé quelquefois de voir un fruit ſauvage & même de s'en rafraichir, vous comprendrez le plaiſir qu'on a de trouver dans ce deſert artificiel des fruits excellens & murs quoique clairſemés & de mauvaiſe mine; ce qui donne encore le plaiſir de la recherche & du choix.

Toutes ces petites routes étoient bordées & traverſées d'une eau limpide & claire, tantôt circulant parmi l'herbe & les fleurs en filets preſque inperceptibles; tantôt en plus grands ruiſſeaux courans ſur un gravier pur & marqueté qui rendoit l'eau plus brillante. On voyoit des ſources bouillonner & ſortir de la terre, & quelquefois des canaux plus profonds dans leſquels l'eau calme & paiſible réfléchiſſoit à l'œil les objets. Je comprends à préſent tout le reſte, dis-je à Julie : mais ces eaux que je vois de toutes parts .... elles viennent de là, reprit-elle, en me montrant le côté où étoit la terraſſe de ſon jardin. C'eſt ce même ruiſſeau qui fournit à grands fraix dans le parterre un jet-d'eau dont perſonne ne ſe ſoucie. M. de Wolmar ne veut pas le détruire, par reſpect pour mon pere qui l'a fait faire : mais avec quel plaiſir nous venons tous les jours voir courir dans ce verger cette eau dont nous n'approchons guére au jardin ! Le jet-d'eau joue pour les étrangers, le ruiſſeau coule ici pour nous. Il eſt vrai que j'y ai réuni l'eau de la fontaine publique qui ſe rendoit

doit dans le lac par le grand-chemin qu'elle dégradoit au préjudice des paſſans & à pure perte pour tout le monde. Elle faiſoit un coude au pied du verger entre deux rangs de ſaules; je les ai renfermés dans mon enceinte & j'y conduis la même eau par d'autres routes.

Je vis alors qu'il n'avoit été queſtion que de faire ſerpenter ces eaux avec économie, en la diviſant & réuniſſant à propos, en épargnant la pente le plus qu'il étoit poſſible, pour prolonger le circuit & ſe ménager le murmure de quelques petites chutes. Une couche de glaiſe, couverte d'un pouce de gravier du lac & parſemée de coquillages formoit le lit des ruiſſeaux. Ces mêmes ruiſſeaux courant par intervalles ſous quelques larges tuiles recouvertes de terre & de gazon au niveau du ſol formoient à leur iſſue autant de ſources artificielles. Quelques filets s'en élevoient par des ſiphons ſur des lieux raboteux & bouillonoient en retombant. Enfin la terre ainſi rafraichie & humectée donnoit ſans ceſſe de nouvelles fleurs & entretenoit l'herbe toujours verdoyante & belle.

Plus je parcourois cet agréable azile, plus je ſentois augmenter la ſenſation délicieuſe que j'avois éprouvée en y entrant; cependant la curioſité me tenoit en haleine: J'étois plus empreſſé de voir les objets que d'examiner leurs impreſſions, & j'aimois à me livrer à cette charmante contemplation ſans prendre la peine de penſer; Mais Mad^e^. de Wolmar me tirant de ma revérie me dit en me prenant ſous le bras; tout ce que vous voyez n'eſt que la nature végétale & inanimée, & quoiqu'on puiſſe faire, elle laiſſe toujours une idée de ſolitude qui attriſte. Venez-la voir animée & ſenſible. C'eſt-là qu'à chaque inſtant du jour vous lui trouverez un attrait nouveau. Vous me prevenez, lui

lui dis-je, j'entens un ramage bruyant & confus, & j'apperçois assés peu d'oisseaux; je comprends que vous avez une voliere. Il est vrai, dit elle, approchons en. Je n'osai dire encore ce que je pensois de la voliere; mais cette idée avoit quelque chose qui me déplaisoit, & ne me sembloit point assortie au reste.

Nous descendimes par mille détours au bas du verger où je trouvai toute l'eau réunie en un joli ruisseau coulant doucement entre deux rangs de vieux saules qu'on avoit souvent ébranchés. Leurs têtes creuses & demi chauves formoient des especes de vases d'où sortoient par l'addresse dont j'ai parlé, des touffes de chevrefeuil dont une partie s'entrelaçoit autour des branches, & l'autre tomboit avec grace le long du ruisseau. Presque à l'extrémité de l'enceinte étoit un petit bassin bordé d'herbes, de joncs, de roseaux, servant d'abruvoir à la voliere, & der-

derniere ſtation de cette eau ſi précieuſe & ſi bien menagée.

Au delà de ce baſſin étoit un terre-plein terminé dans l'angle de l'enclos par une monticule garnie d'une multitude d'arbriſſeaux de toute eſpece ; les plus petits vers le haut, & toujours croiſſant en grandeur à meſure que le ſol s'abaiſſoit ; ce qui rendoit le plan des têtes presque horizontal, ou montroit au moins qu'un jour il le devoit être. Sur le devant étoient une douzaine d'arbres jeunes encore mais faits pour devenir fort grands, tels que le hêtre, l'orme, le frene, l'acacia. C'étoient les bocages de ce côteau qui ſervoient d'azile à cette multitude d'oiſeaux dont j'avois entendu de loin le ramage, & c'étoit à l'ombre de ce feuillage comme ſous un grand paraſol qu'on les voyoit voltiger, courir, chanter, s'agacer, ſe battre comme s'ils ne nous avoient pas apperçus. Ils s'en-

fui-

fuirent ſi peu à notre approche, que ſelon l'idée dont j'étois prévenu, je les crus d'abord enfermés par un grillage: mais comme nous fumes arrivés au bord du baſſin, j'en vis pluſieurs deſcendre & s'approcher de nous ſur une eſpece de courte allée qui ſéparoit en deux le terre-plein & communiquoit du baſſin à la voliere. Alors M. de Wolmar faiſant le tour du baſſin ſema ſur l'allée deux ou trois poignées de grains mélangés qu'il avoit dans ſa poche, & quand il ſe fut retiré, les oiſeaux accoururent & ſe mirent à manger comme des poules, d'un air ſi familier que je vis bien qu'ils étoient faits à ce manege. Cela eſt charmant! m'écriai-je: Ce mot de voliere m'avoit ſurpris de votre part; mais je l'entens maintenant: je vois que vous voulez des hôtes & non pas des priſonniers. Qu'appelez-vous des hôtes, répondit Julie? C'eſt nous qui ſommes les leurs. Ils ſont

 ici

ici les maitres, & nous leur payons tribut pour en être soufferts quelquefois. Fort-bien, repris-je; mais comment ces maitres-là se sont-ils emparés de ce lieu? Le moyen d'y rassembler tant d'habitans volontaires? Je n'ai pas oui dire qu'on ait jamais rien tenté de pareil, & je n'aurois point cru qu'on put y réussir, si je n'en avois la preuve sous mes yeux.

La patience & le tems, dit M. de Wolmar, ont fait ce miracle. Ce sont des expédiens dont les gens riches ne s'avisent gueres dans leurs plaisirs. Toujours pressés de jouïr, la force & l'argent sont les seuls moyens qu'ils connoissent; ils ont des oiseaux dans des cages, & des amis à tant par mois. Si jamais des valets approchoient de ce lieu, vous en verriez bientôt les oiseaux disparoitre, & s'ils y sont à présent en grand nombre, c'est qu'il y en a toujours eu. On ne les fait pas venir quand il n'y en a point,

point, mais il eſt aiſé quand il y en a d'en attirer davantage en prévenant tous leurs beſoins, en ne les effrayant jamais, en leur laiſſant faire leur couvée en ſûreté & ne dénichant point les petits; car alors ceux qui s'y trouvent reſtent, & ceux qui ſurviennent reſtent encore. Ce bocage exiſtoit, quoiqu'il fut ſéparé du verger; Julie n'a fait que l'y renfermer par une haye vive, ôter celle qui l'en ſéparoit, l'aggrandir & l'orner de nouveaux plans. Vous voyez à droite & à gauche de l'allée qui y conduit deux eſpaces remplis d'un mélange confus d'herbes, de pailles, & de toutes ſortes de plantes. Elle y fait ſemer chaque année du bled, du mil, du tourneſol, du chénevis, des peſettes, (*) généralement de tous les grains que les oiſeaux aiment, & l'on n'en moiſſonne rien. Outre cela preſque tous les jours, été & hiver, elle ou moi leur apportons

à

(*) De la veſce.

à manger, & quand nous y manquons la Fanchon y supplée d'ordinaire; ils ont l'eau à quatre pas, comme vous voyez. Mad^e. de Wolmar pousse l'attention jusqu'à les pourvoir tous les printems de petits tas de crin, de paille, de laine, de mousse, & d'autres matieres propres à faire des nids. Avec le voisinage des matériaux, l'abondance des vivres & le grand soin qu'on prend d'écarter tous les ennemis, (*) l'éternelle tranquillité dont ils jouïssent les porte à pondre en un lieu commode où rien ne leur manque, où personne ne les trouble. Voila comment la patrie des peres est encore celle des enfans, & comment la peuplade se soutient & se multiplie.

Ah, dit Julie, vous ne voyez plus rien! chacun ne songe plus qu'à soi; mais des époux

(*) Les loirs, les souris, les chouettes, & surtout les enfans.

époux inséparables, le zele des soins domestiques, la tendresse paternelle & maternelle, vous avez perdu tout cela. Il y a deux mois qu'il faloit être ici pour livrer ses yeux au plus charmant spectacle & son cœur au plus doux sentiment de la nature. Madame, repris-je assés tristement, vous êtes épouse & mere; ce sont des plaisirs qu'il vous appartient de connoitre. Aussi-tôt M. de Wolmar me prenant par la main me dit en la serrant; vous avez des amis, & ces amis ont des enfans; comment l'affection paternelle vous seroit-elle étrangere? Je le regardai, je regardai Julie, tous deux se regardérent & me rendirent un regard si touchant que les embrassant l'un après l'autre je leur dis avec attendrissement; ils me sont aussi chers qu'à vous. Je ne sais par quel bizarre effet un mot peut ainsi changer une ame, mais depuis ce moment, M. de Wolmar me paroit

un

un autre homme, & je vois moins en lui le mari de celle que j'ai tant aimée que le pere de deux enfans pour lesquels je donnerois ma vie.

Je voulus faire le tour du bassin pour aller voir de plus près ce charmant azile & ses petits habitans; mais Mad^e. de Wolmar me retint. Personne, me dit-elle, ne va les troubler dans leur domicile, & vous êtes même le premier de nos hôtes que j'aye amené jusqu'ici. Il y a quatre clefs de ce verger dont mon pere & nous avons chacun une: Fanchon a la quatrieme comme inspectrice & pour y mener quelquefois mes enfans; faveur dont on augmente le prix par l'extrême circonspection qu'on exige d'eux tandis qu'ils y sont. Gustin lui-même n'y entre jamais qu'avec un des quatre; encore passé deux mois de printems où ses travaux sont utiles n'y entre-t-il presque plus, & tout le reste se fait entre nous. Ainsi, lui dis-

dis-je, de peur que vos oiseaux ne foient vos esclaves vous vous êtes rendus les leurs. Voila bien, reprit-elle, le propos d'un tyran, qui ne croit jouïr de sa liberté qu'autant qu'il trouble celle des autres.

Comme nous partions pour nous en retourner, M. de Wolmar jetta une poignée d'orge dans le bassin, & en y regardant j'apperçus quelques petits poissons. Ah, ah! dis-je aussi-tot, voici pourtant des prisonniers? Oui, dit-il, ce sont des prisonniers de guerre, auxquels on a fait grace de la vie. Sans doute, ajoûta sa femme. Il y a quelque tems que Fanchon vola dans la cuisine des perchettes qu'elle apporta ici à mon insçû. Je les y laisse, de peur de la mortifier si je les renvoyois au lac; car il vaut encore mieux loger du poisson un peu à l'étroit que de fâcher une honnête personne. Vous avez raison, répondis-

je,

je, & celui-ci n'eſt pas trop à plaindre d'être échapé de la poële à ce prix.

Hébien, que vous en ſemble, me dit-elle en nous en retournant. Etes-vous encore au bout du monde? Non, dis-je, m'en voici tout-à-fait dehors, & vous m'avez en effet tranſporté dans l'Eliſée. Le nom pompeux qu'elle a donné à ce verger, dit M. de Wolmar, mérite bien cette raillerie. Louez modeſtement des jeux d'enfant, & ſongez qu'ils n'ont jamais rien pris ſur les ſoins de la mere de famille. Je le ſais, repris-je, j'en ſuis très ſûr, & les jeux d'enfant me plaiſent plus en ce genre que les travaux des hommes.

Il y a pourtant ici, continuai-je, une choſe que je ne puis comprendre. C'eſt qu'un lieu ſi différent de ce qu'il étoit ne peut être devenu ce qu'il eſt qu'avec de la culture & du ſoin; cependant je ne vois nulle part la moindre trace de culture.

ture. Tout eſt verdoyant, frais, vigoureux, & la main du jardinier ne ſe montre point: rien ne dément l'idée d'une Iſle déſerte qui m'eſt venue en entrant, & je n'apperçois aucuns pas d'hommes. Ah! dit M. de Wolmar, c'eſt qu'on a pris grand ſoin de les effacer. J'ai été ſouvent témoin, quelquefois complice de la friponnerie. On fait ſemer du foin ſur tous les endroits labourés, & l'herbe cache bientôt les veſtiges du travail; on fait couvrir l'hiver de quelques couches d'engrais les lieux maigres & arides, l'engrais mange la mouſſe, ranime l'herbe & les plantes; les arbres eux-mêmes ne s'en trouvent pas plus mal, & l'été il n'y paroit plus. A l'égard de la mouſſe qui couvre quelques allées, c'eſt Milord Edouard qui nous a envoyé d'Angleterre le ſecret pour la faire naître. Ces deux côtés, continua-t-il, étoient fermés par des murs; les murs ont été maſqués, non par

des

des espaliers, mais par d'épais arbrisseaux qui font prendre les bornes du lieu pour le commencement d'un bois. Des deux autres côtés regnent de fortes hayes vives, bien garnies d'érable, d'aubépine, de houx, de tröesne, & d'autres arbrisseaux mélangés qui leur ôtent l'apparence de hayes & leur donnent celle d'un taillis. Vous ne voyez rien d'aligné rien de nivelé; jamais le cordeau n'entra dans ce lieu; la nature ne plante rien au cordeau; les sinuosités dans leur feinte irrégularité sont ménagées avec art pour prolonger la promenade, cacher les bords de l'Isle, & en aggrandir l'étendue apparente, sans faire des détours incomodes & trop fréquens. (*)

En

(*) Ainsi ce ne sont pas de ces petits bosquets à la mode, si ridiculement contournés qu'on n'y marche qu'en zig-zag, & qu'à chaque pas il faut faire une piroüette.

En conſidérant tout cela, je trouvois aſſés bizarre qu'on prit tant de peine pour ſe cacher celle qu'on avoit priſe ; n'auroit-il pas mieux valu n'en point prendre ? Malgré tout ce qu'on vous a dit, me répondit Julie, vous jugez du travail par l'effet, & vous vous trompez. Tout ce que vous voyez ſont des plantes ſauvages ou robuſtes qu'il ſuffit de mettre en terre, & qui viennent enſuite d'elles-mêmes. D'ailleurs, la nature ſemble vouloir dérober aux yeux des hommes ſes vrais attraits, auxquels ils ſont trop peu ſenſibles, & qu'ils défigurent quand ils ſont à leur portée : elle fuit les lieux fréquentés ; c'eſt au ſommet des montagnes, au fond des forêts, dans des Iſles déſertes qu'elle étale ſes charmes les plus touchans. Ceux qui l'aiment & ne peuvent l'aller chercher ſi loin ſont réduits à lui faire violence, à la forcer en quelque ſorte à venir habiter avec eux, &

& tout cela ne peut ſe faire ſans un peu d'illuſion.

A ces mots il me vint une imagination qui les fit rire. Je me figure, leur disje, un homme riche de Paris ou de Londres, maitre de cette maiſon & amenant avec lui un Architecte cherement payé pour gâter la nature. Avec quel dédain il entreroit dans ce lieu ſimple & meſquin! avec quel mépris il feroit arracher toutes ces guenilles! Les beaux alignemens qu'il prendroit! Les belles allées qu'il feroit percer! Les belles pattes d'oye, les beaux arbres en paraſol, en éventail! Les beaux treillages bien ſculptés! Les belles charmilles bien deſſinées, bien équarries, bien contournées! Les beaux boulingrins de fin gazon d'Angleterre, ronds, quarrés, échancrés, ovales! Les beaux Ifs taillés en dragons, en pagodes, en marmouſets, en toutes ſortes de monſtres! Les beaux vaſes de bronſe,

bronſe, les beaux fruits de pierre dont il ornera ſon jardin (*)! .... Quand tout cela ſera éxécuté, dit M. de Wolmar, il aura fait un très beau lieu dans lequel on n'ira gueres, & dont on ſortira toujours avec empreſſement pour aller chercher la campagne, un lieu triſte où l'on ne ſe promenera point, mais par où l'on paſſera pour s'aller promener; au lieu que dans mes courſes champêtres, je me hâte ſouvent de rentrer pour venir me promener ici.

Je ne vois dans ces terreins ſi vaſtes & ſi richement ornés que la vanité du propriétaire & de l'artiſte qui toujours empreſſés d'étaler, l'un ſa richeſſe & l'autre

(*) Je ſuis perſuadé que le tems approche où l'on ne voudra plus dans les jardins rien de ce qui ſe trouve dans la campagne; on n'y ſouffrira plus ni plantes, ni arbriſſeaux; on n'y voudra que des fleurs de porcelaine, des magots, des treillages, du ſable de toutes couleurs, & de beaux vaſes pleins de rien.

l'autre son talent, préparent à grands frais de l'ennui à quiconque voudra jouïr de leur ouvrage. Un faux goût de grandeur qui n'est point fait pour l'homme empoisonne ses plaisirs. L'air grand est toujours triste; il fait songer aux miseres de celui qui l'affecte. Au milieu de ses parterres & de ses grandes allées son petit individu ne s'aggrandit point; un arbre de vingt pieds le couvre comme un de soixante (*); il n'occupe jamais que ses trois

(*) Il devoit bien s'étendre un peu sur le mauvais gout d'élaguer ridiculement les arbres, pour les élancer dans les nues, en leur ôtant leurs belles têtes, leurs ombrages, en épuisant leur séve, & les empêchant de profiter. Cette methode il est vrai, donne du bois aux jardiniers: mais elle en ôte au pays, qui n'en a pas déja trop. On croiroit que la nature est faite en France autrement que dans tout le reste du monde, tant on y prend soin de la défigurer. Les parcs n'y sont plantés que de longues perches; ce sont des forets de mats ou de mays, & l'on s'y promêne au milieu des bois sans trouver d'ombre.

trois pieds d'eſpace, & ſe perd comme un ciron dans ſes immenſes poſſeſſions.

Il y a un autre goût directement opposé à celui-là, & plus ridicule encore, en ce qu'il ne laiſſe pas même joüir de la promenade pour laquelle les jardins ſont faits. J'entens, lui dis-je; c'eſt celui de ces petits curieux, de ces petits fleuriſtes qui ſe pâment à l'aſpect d'une renoncule, & ſe proſternent devant des tulipes. Là-deſſus, je leur racontai, Milord, ce qui m'étoit arrivé autrefois à Londres dans ce jardin de fleurs où nous fûmes introduits avec tant d'appareil, & où nous vimes briller ſi pompeuſement tous les tréſors de la hollande ſur quatre couches de fumier. Je n'oubliai pas la cérémonie du paraſol & de la petite baguete dont on m'honora, moi indigne, ainſi que les autres ſpectateurs. Je leur confeſſai humblement comment ayant voulu m'évertuer à mon tour, & hazarder de m'extaſier à la vue

 d'une

d'une tulipe dont la couleur me parut vive & la forme élégante, je fus moqué, hué, ſifflé de tous les Savans, & comment le profeſſeur du jardin, paſſant du mépris de la fleur à celui du panégyriſte, ne daigna plus me regarder de toute la ſéance. Je penſe, ajoûtai-je, qu'il eut bien du regret à ſa baguette & à ſon paraſol profanés.

Ce goût, dit M. de Wolmar, quand il dégénere en manie a quelque choſe de petit & de vain qui le rend puérile & ridiculement coûteux. L'autre, au moins, a de la nobleſſe, de la grandeur & quelque ſorte de vérité ; mais qu'eſt-ce que la valeur d'une patte ou d'un oignon qu'un inſecte ronge ou détruit peut-être au moment qu'on le marchande, ou d'une fleur précieuſe à midi & flétrie avant que le ſoleil ſoit couché: qu'eſt-ce qu'une beauté conventionnelle qui n'eſt ſenſible qu'aux yeux des curieux, & qui n'eſt n'eſt beauté que parce qu'il leur plait qu'elle le ſoit ? Le tems peut venir qu'on cherchera dans les fleurs tout le contraire de ce qu'on y cherche aujourd'hui, & avec autant de raiſon ; alors vous ſerez le docte à votre tour & votre curieux l'ignorant. Toutes ces petites obſervations qui dégénerent en étude ne conviennent point à l'homme raiſonnable qui veut donner à ſon corps un exercice modéré, ou delaſſer ſon eſprit à la promenade en s'entretenant avec ſes amis. Les fleurs ſont faites pour amuſer nos regards en paſſant, & non pour être ſi curieuſement anatomiſées. (*) Voyez leur Reine briller de toutes parts dans ce verger. Elle parfume l'air ; elle enchante les

(*) Le ſage Wolmar n'y avoit pas bien regardé. Lui qui ſavoit ſi bien obſerver les hommes, obſervoit-il ſi mal la nature ? Ignoroit-il que ſi ſon Auteur eſt grand dans les grandes choſes, il eſt très grand dans les petites ?

les yeux, & ne coûte presque ni soin ni culture. C'est pour cela que les fleuristes la dédaignent; la nature l'a faite si belle qu'ils ne lui sauroient ajoûter des beautés de convention, & ne pouvant se tourmenter à la cultiver, ils n'y trouvent rien qui les flate. L'erreur des prétendus gens de goût est de vouloir de l'art par tout, & de n'être jamais contens que l'art ne paroisse; au lieu que c'est à le cacher que consiste le véritable goût; surtout quand il est question des ouvrages de la nature. Que signifient ces allées si droites, si sablées, qu'on trouve sans cesse; & ces étoiles par lesquelles bien loin d'étendre aux yeux la grandeur d'un parc, comme on l'imagine, on ne fait qu'en montrer maladroitement les bornes? Voit-on dans les bois du sable de riviere, ou le pied se repose-t-il plus doucement sur ce sable que sur la mousse ou la pelouse? La nature employe-t-elle

sans

ſans ceſſe l'equerre & la regle? ont-ils peur qu'on ne la reconnoiſſe en quelque choſe malgré leurs ſoins pour la défigurer? Enfin n'eſt-il pas plaiſant que, comme s'ils étoient déja las de la promenade en la commençant, ils affectent de la faire en ligne droite pour arriver plus vîte au terme? Ne diroit-on pas que prenant le plus court chemin ils font un voyage plutôt qu'une promenade, & ſe hâtent de ſortir auſſi-tôt qu'ils ſont entrés?

Que fera donc l'homme de goût qui vit pour vivre, qui ſait jouïr de lui-même, qui cherche les plaiſirs vrais & ſimples, & qui veut ſe faire une promenade à la porte de ſa maiſon? Il la fera ſi comode & ſi agréable qu'il s'y puiſſe plaire à toutes les heures de la journée, & pourtant ſi ſimple & ſi naturelle qu'il ſemble n'avoir rien fait. Il raſſemblera l'eau, la verdure, l'ombre & la fraîcheur; car la nature auſſi raſſemble toutes ces choses. Il ne donnera à rien de la simétrie; elle est ennemie de la nature & de la variété, & toutes les allées d'un jardin ordinaire se ressemblent si fort qu'on croit être toujours dans la même. Il élaguera le terrain pour s'y promener comodément; mais les deux côtés de ses allées ne feront point toujours exactement paralleles; la direction n'en sera pas toujours en ligne droite; elle aura je ne sais quoi de vague comme la démarche d'un homme oisif qui erre en se promenant: il ne s'inquiétera point de se percer au loin de belles perspectives. Le goût des points-de-vue & des lointains vient du penchant qu'ont la plupart des hommes à ne se plaire qu'où ils ne sont pas. Ils sont toujours avides de ce qui est loin d'eux, & l'artiste qui ne sait pas les rendre assés contens de ce qui les entoure, se donne cette ressource pour les amuser; mais l'homme dont je parle n'a pas cette

in-

inquiétude, & quand il eſt bien où il eſt, il ne ſe ſoucie point d'être ailleurs. Ici par exemple, on n'a pas de vue hors du lieu, & l'on eſt très content de n'en pas avoir. On penſeroit volontiers que tous les charmes de la nature y ſont renfermés, & je craindrois fort que la moindre échapée de vue au dehors n'ôtât beaucoup d'agrement à cette promenade (*). certainement tout homme qui n'ai-

(*) Je ne ſais ſi l'on a jamais eſſayé de donner aux longues allées d'une étoile une courbure légere, en ſorte que l'œil ne pût ſuivre chaque allée tout à fait juſqu'au bout, & que l'extrémité oppoſée en fut cachée au ſpectateur. On perdroit, il eſt vrai, l'agrément des points de vue; mais on gagneroit l'avantage ſi cher aux propriétaires d'aggrandir à l'imagination le lieu où l'on eſt, & dans le milieu d'une étoile aſſés bornée on ſe croiroit perdu dans un parc immenſe. Je ſuis perſuadé que la promenade en ſeroit auſſi moins ennuyeuſe quoique plus ſolitaire; car tout ce qui donne priſe à l'imagination

n'aimera pas à paſſer les beaux jours dans un lieu ſi ſimple & ſi agréable n'a pas le goût pur ni l'ame ſaine. J'avoue qu'il n'y faut pas amener en pompe les étrangers; mais en revanche on s'y peut plaire ſoi-même, ſans le montrer à perſonne.

Monſieur, lui dis-je, ces gens ſi riches qui font de ſi beaux jardins ont de fort bonnes raiſons pour n'aimer guere à ſe promener tout ſeuls, ni à ſe trouver vis-à-vis d'eux-mêmes; ainſi ils font très bien de ne ſonger en cela qu'aux autres. Au reſte, j'ai vu à la Chine des jardins tels

que

nation excite les idées & nourrit l'eſprit; mais les faiſeurs de jardins ne ſont pas gens à ſentir ces choſes-là. Combien de fois dans un lieu ruſtique le crayon leur tomberoit des mains, comme à Le Noſtre dans le parc de St. James, s'ils connoiſſoient comme lui ce qui donne de la vie à la nature, & de l'intérêt à ſon ſpectacle?

que vous les demandez, & faits avec tant d'art que l'art n'y paroiſſoit point, mais d'une maniere ſi diſpendieuſe & entretenus à ſi grands fraix que cette idée m'ôtoit tout le plaiſir que j'aurois pu goûter à les voir. C'étoient des roches, des grotes, des caſcades artificielles dans des lieux plains & ſabloneux où l'on n'a que de l'eau de puits; c'étoient des fleurs & des plantes rares de tous les climats de la chine & de la tartarie raſſemblées & cultivées en un même ſol. On n'y voyoit à la vérité ni belles allées ni compartimens réguliers; mais on y voyoit entaſſées avec profuſion des merveilles qu'on ne trouve qu'éparſes & ſéparées. La nature s'y préſentoit ſous mille aſpects divers, & le tout enſemble n'étoit point naturel. Ici l'on n'a tranſporté ni terres ni pierres, on n'a fait ni pompes ni réſervoirs, on n'a beſoin ni de ſerres ni de fourneaux ni de cloches ni de paillaſſons.

Un terrain presque uni a reçu des ornemens très simples. Des herbes communes, des arbrisseaux communs, quelques filets d'eau coulant sans apprets sans contrainte ont suffi pour l'embellir. C'est un jeu sans effort, dont la facilité donne au spectateur un nouveau plaisir. Je sens que ce séjour pourroit être encore plus agréable & me plaire infiniment moins. Tel est par exemple le parc celebre de Milord Cobham à Staw. C'est un composé de lieux très beaux & très pittoresques dont les aspects ont été choisis en différens pays, & dont tout paroit naturel excepté l'assemblage, comme dans les jardins de la Chine dont je viens de vous parler. Le maitre & le créateur de cette superbe solitude y a même fait construire des ruines, des temples, d'anciens édifices, & les tems ainsi que les lieux y sont rassemblés avec une magnificence plus qu'humaine. Voila précisement

ſement dequoi je me plains. Je voudrois que les amuſemens des hommes euſſent toujours un air facile qui ne fit point ſonger à leur foibleſſe, & qu'en admirant ces merveilles, on n'eut point l'imagination fatiguée des ſommes & des travaux qu'elles ont coûtés. Le ſort ne nous donne-t-il pas aſſés de peines ſans en mettre juſques dans nos jeux?

Je n'ai qu'un ſeul reproche à faire à votre Eliſée, ajoutai-je en regardant Julie, mais qui vous paroitra grave; c'eſt d'être un amuſement ſuperflu. A quoi bon vous faire une nouvelle promenade, ayant de l'autre côté de la maiſon des boſquets ſi charmans & ſi négligés? Il eſt vrai, dit elle un peu embarraſſée, mais j'aime mieux ceci. Si vous aviez bien ſongé à votre queſtion avant que de la faire, interrompit M. de Wolmar, elle ſeroit plus qu'indiſcrette. Jamais ma femme depuis ſon mariage n'a mis les

 pieds

pieds dans les bosquets dont vous parlez. J'en sais la raison quoiqu'elle me l'ait toujours tue. Vous qui ne l'ignorez pas, apprenez à respecter les lieux où vous êtes ; ils sont plantés par les mains de la vertu.

A peine avois-je reçu cette juste réprimande que la petite famille menée par Fanchon entra comme nous sortions. Ces trois aimables enfans se jetterent au cou de M. & de Mad^e. de Wolmar. J'eus ma part de leurs petites caresses. Nous rentrames Julie & moi dans l'Elisée en faisant quelques pas avec eux ; puis nous allames rejoindre M. de Wolmar qui parloit à des ouvriers. Chemin faisant elle me dit qu'après être devenue mere, il lui étoit venu sur cette promenade une idée qui avoit augmenté son zele pour l'embellir. J'ai pensé, me dit-elle, à l'amusement de mes enfans & à leur santé quand ils seront plus âgés. L'entretien de de ce lieu demande plus de ſoin que de peine; il s'agit plutôt de donner un certain contour aux rameaux des plantes que de bêcher & labourer la terre; j'en veux faire un jour mes petits jardiniers: ils auront autant d'exercice qu'il leur en faut pour renforcer leur tempérament, & pas aſſés pour le fatiguer. D'ailleurs, ils feront faire ce qui ſera trop fort pour leur âge & ſe borneront au travail qui les amuſera. Je ne ſaurois vous dire, ajoûta-t-elle, quelle douceur je goûte à me répréſenter mes enfans occupés à me rendre les petits ſoins que je prens avec tant de plaiſir pour eux, & la joye de leurs tendres cœurs en voyant leur mere ſe promener avec délices ſous des ombrages cultivés de leurs mains. En vérité, mon ami, me dit-elle d'une voix émue, des jours ainſi paſſés tiennent du bonheur de l'autre vie, & ce n'eſt pas ſans raiſon qu'en y penſant j'ai donné d'a-

vance

vance à ce lieu le nom d'Elisée. Milord, cette incomparable femme est mere comme elle est épouse, comme elle est amie, comme elle est fille, & pour l'éternel supplice de mon cœur c'est encore ainsi qu'elle fut amante.

Entousiasmé d'un séjour si charmant, je les priai le soir de trouver bon que durant mon séjour chez eux la Fanchon me confiât sa clé & le soin de nourrir les oiseaux. Aussi-tôt Julie envoya le sac au grain dans ma chambre & me donna sa propre clé. Je ne sais pourquoi je la reçus avec une sorte de peine : il me sembla que j'aurois mieux aimé celle de M. de Wolmar.

Ce matin je me suis levé de bonne heure, & avec l'empressement d'un enfant je suis allé m'enfermer dans l'Isle deserte. Que d'agréables pensées j'espérois porter dans ce lieu solitaire où le doux aspect de la seule nature devoit

chasser

chaſſer de mon ſouvenir tout cet ordre ſocial & factice qui m'a rendu ſi malheureux ! Tout ce qui va m'environner eſt l'ouvrage de celle qui me fut ſi chere. Je la contemplerai tout autour de moi. Je ne verrai rien que ſa main n'ait touché ; je baiſerai des fleurs que ſes pieds auront foulées ; je reſpirerai avec la roſée un air qu'elle a reſpiré ; ſon goût dans ſes amuſemens me rendra préſens tous ſes charmes, & je la trouverai par tout comme elle eſt au fond de mon cœur.

En entrant dans l'Eliſée avec ces diſpoſitions, je me ſuis ſubitement rappellé le dernier mot que me dit hier M. de Wolmar à peu près dans la même place. Le ſouvenir de ce ſeul mot a changé ſur le champ tout l'état de mon ame. J'ai cru voir l'image de la vertu où je cherchois celle du plaiſir. Cette image s'eſt confondue dans mon eſprit

prit avec les traits de Mad^e. de Wolmar, & pour la premiere fois depuis mon retour j'ai vu Julie en son absence, non telle qu'elle fut pour moi & que j'aime encore à me la représenter, mais telle qu'elle se montre à mes yeux tous les jours. Milord, j'ai cru voir cette femme si charmante si chaste & si vertueuse, au milieu de ce même cortege qui l'entouroit hier. Je voyois autour d'elle ses trois aimables enfans, honorable & précieux gage de l'union conjugale & de la tendre amitié, lui faire & recevoir d'elle mille touchantes caresses. Je voyois à ses côtés le grave Wolmar, cet Epoux si chéri, si heureux, si digne de l'être. Je croyois voir son œil pénétrant & judicieux percer au fond de mon cœur & m'en faire rougir encore; je croyois entendre sortir de sa bouche des reproches trop mérités, & des leçons trop mal écoutées. Je voyois à sa suite cette mê-

même Fanchon Regard vivante preuve du triomphe des vertus & de l'humanité sur le plus ardent amour. Ah! quel sentiment coupable eut pénétré jusqu'à elle à travers cette inviolable escorte? Avec quelle indignation j'eusse étouffé les vils transports d'une passion criminelle & mal éteinte, & que je me serois méprisé de souiller d'un seul soupir un aussi ravissant tableau d'innocence & d'honnêteté! Je repassois dans ma mémoire les discours qu'elle m'avoit tenus en sortant; puis remontant avec elle dans un avenir qu'elle contemple avec tant de charmes, je voyois cette tendre mere essuyer la sueur du front de ses enfans, baiser leurs joues enflammées, & livrer ce cœur fait pour aimer au plus doux sentiment de la nature. Il n'y avoit pas jusqu'à ce nom d'Elisée qui ne rectifiât en moi les écarts de l'imagination, & ne portât dans mon âme un calme préféra-

ble

ble au trouble des paſſions les plus ſéduiſantes. Il me peignoit en quelque ſorte l'intérieur de celle qui l'avoit trouvé; je penſois qu'avec une conſcience agitée on n'auroit jamais choiſi ce nom-là. Je me diſois, la paix regne au fond de ſon cœur comme dans l'azile qu'elle a nommé.

Je m'étois promis une rêverie agréable; j'ai rêvé plus agréablement que je ne m'y étois attendu. J'ai paſſé dans l'Eliſée deux heures auxquelles je ne préfere aucun tems de ma vie. En voyant avec quel charme & quelle rapidité elles s'étoient écoulées, j'ai trouvé qu'il y a dans la méditation des penſées honnêtes une ſorte de bien être que les méchans n'ont jamais connu; c'eſt celui de ſe plaire avec ſoi-même. Si l'on y ſongeoit ſans prévention, je ne ſais quel autre plaiſir on pourroit égaler à celui-là. Je ſens au moins que quiconque ai-

me

me autant que moi la ſolitude doit craindre de s'y préparer des tourmens. Peut-être tireroit-on des mêmes principes la clé des faux jugemens des hommes ſur les avantages du vice & ſur ceux de la vertu : Car la jouïſſance de la vertu eſt toute intérieure & ne s'apperçoit que par celui qui la ſent : mais tous les avantages du vice frapent les yeux d'autrui, & il n'y a que celui qui les a qui ſache ce qu'ils lui coûtent.

Se a ciaſcun l'interno affanno
Si leggeſſe in fronte ſcritto,
Quanti mai, che invidia fanno,
Ci farebbero pietà? (*)

Com-

(*) Il auroit pu ajoûter la ſuite qui eſt très belle, & ne convient pas moins au ſujet.

Si vedria che i lor nemici
Anno in ſeno, e ſi riduce
Nel parere a noi felici
Ogni lor felicità.

Comme il ſe faiſoit tard ſans que j'y ſongeaſſe, M. de Wolmar eſt venu me joindre & m'avertir que Julie & le thé m'attendoient. C'eſt vous, leur ai-je dit en m'excuſant, qui m'empêchiez d'être avec vous : je fus ſi charmé de ma ſoirée d'hier que j'en ſuis retourné jouïr ce matin ; heureuſement il n'y a point de mal & puiſque vous m'avez attendu, ma matinée n'eſt pas perdue. C'eſt fort bien dit, a repondu Madᵉ. de Wolmar ; il vaudroit mieux s'attendre juſqu'à midi, que de perdre le plaiſir de déjeuner enſemble. Les étrangers ne ſont jamais admis le matin dans ma chambre & déjeunent dans la leur. Le déjeuner eſt le repas des amis ; les valets en ſont exclus, les importuns ne s'y montrent point ; on y dit tout ce qu'on penſe, on y révele tous ſes ſecrets, on n'y contraint aucun de ſes ſentimens ; on peut s'y livrer ſans imprudence aux douceurs

de

de la confiance & de la familiarité. C'est presque le seul moment où il soit permis d'être ce qu'on est ; que ne dure-t-il toute la journée! Ah Julie! ai-je été prêt à dire ; voila un vœu bien intéressé ! mais je me suis tu. La premiere chose que j'ai retranchée avec l'amour a été la louange. Louer quelqu'un en face, à moins que ce ne soit sa maitresse, qu'est-ce faire autre chose, sinon le taxer de vanité? Vous savez, Milord, si c'est à Mad^e. de Wolmar qu'on peut faire ce reproche. Non, non ; je l'honore trop pour ne pas l'honorer en silence. La voir, l'entendre, observer sa conduite, n'est-ce pas assés la louer ?

LETTRE XII.

De Mad^e. de Wolmar à Mad^e. d'Orbe.

IL eſt écrit, chere amie, que tu dois être dans tous les tems ma ſauvegarde contre moi-même, & qu'après m'avoir délivrée avec tant de peine des pieges de mon cœur, tu me garantiras encore de ceux de ma raiſon. Après tant d'épreuves cruelles, j'apprends à me défier des erreurs comme des paſſions dont elles ſont ſi ſouvent l'ouvrage. Que n'ai-je eu toujours la même précaution! Si dans les tems paſſés j'avois moins compté ſur mes lumieres, j'aurois eu moins à rougir de mes ſentimens.

Que ce préambule ne t'allarme pas. Je ſerois indigne de ton amitié ſi j'avois encore à la conſulter ſur des ſujets graves. Le crime fut toujours étranger à mon

mon cœur, & j'ose l'en croire plus éloigné que jamais. Ecoute-moi donc paisiblement, ma Cousine, & crois que je n'aurai jamais besoin de conseil sur des doutes que la seule honnêteté peut résoudre.

Depuis six ans que je vis avec M. de Wolmar dans la plus parfaite union qui puisse régner entre deux époux, tu sais qu'il ne m'a jamais parlé ni de sa famille ni de sa personne, & que l'ayant reçu d'un pere aussi jaloux du bonheur de sa fille que de l'honneur de sa maison, je n'ai point marqué d'empressement pour en savoir sur son compte plus qu'il ne jugeoit à propos de m'en dire. Contente de lui devoir, avec la vie de celui qui me l'a donnée, mon honneur, mon repos, ma raison, mes enfans, & tout ce qui peut me rendre quelque prix à mes propres yeux, j'étois bien assurée que ce que j'ignorois de lui ne démentoit point ce qui m'étoit connu, & je n'avois pas besoin d'en ſavoir davantage pour l'aimer, l'eſtimer, l'honorer autant qu'il étoit poſſible.

Ce matin en déjeunant il nous a propoſé un tour de promenade avant la chaleur; puis ſous prétexte de ne pas courir, diſoit-il, la campagne en robe de chambre, il nous a menés dans les boſquets, & préciſément, ma chere, dans ce même boſquet où commencerent tous les malheurs de ma vie. En approchant de ce lieu fatal, je me ſuis ſentie un affreux batement de cœur, & j'aurois refuſé d'entrer ſi la honte ne m'eut retenue, & ſi le ſouvenir d'un mot qui fut dit l'autre jour dans l'Eliſée ne m'eut fait craindre les interprétations. Je ne ſais ſi le philoſophe étoit plus tranquille; mais quelque tems après ayant par hazard tourné les yeux ſur lui, je l'ai trouvé pâle, changé, & je ne puis te

dire

dire quelle peine tout cela ma fait.

En entrant dans le bosquet j'ai vu mon mari me jetter un coup d'œil & sourire. Il s'est assis entre nous, & après un moment de silence, nous prenant tous deux par la main, mes enfans, nous a-t-il dit, je commence à voir que mes projets ne seront point vains & que nous pouvons être unis tous trois d'un attachement durable, propre à faire notre bonheur commun, & ma consolation dans les ennuis d'une vieillesse qui s'approche : mais je vous connois tous deux mieux que vous ne me connoissez; il est juste de rendre les choses égales, & quoique je n'aye rien de fort intéressant à vous apprendre; puisque vous n'avez plus de secret pour moi, je n'en veux plus avoir pour vous.

Alors il nous a révélé le mistere de sa naissance qui jusqu'ici n'avoit été connue que de mon pere. Quand tu le sauras, tu concevras jusqu'où vont le sang-froid & la modération d'un homme capable de taire six ans un pareil secret à sa femme; mais ce secret n'est rien pour lui, & il y pense trop peu pour se faire un grand effort de n'en pas parler.

Je ne vous arrêterai point, nous a-t-il dit, sur les événemens de ma vie; ce qui peut vous importer est moins de connoitre mes avantures que mon caractere. Elles sont simples comme lui, & sachant bien ce que je suis vous comprendrez aisement ce que j'ai pu faire. J'ai naturellement l'ame tranquille & le cœur froid. Je suis de ces hommes qu'on croit bien injurier en disant qu'ils ne sentent rien; c'est à dire, qu'ils n'ont point de passion qui les détourne de suivre le vrai guide de l'homme. Peu sensible au plaisir & à la douleur, je n'éprouve même que très foiblement ce sentiment d'intérêt & d'humanité qui nous

ap-

approprie les affections d'autrui. Si j'ai de la peine à voir souffrir les gens de bien, la pitié n'y entre pour rien, car je n'en ai point à voir souffrir les méchans. Mon seul principe actif est le goût naturel de l'ordre, & le concours bien combiné du jeu de la fortune & des actions des hommes me plait exactement comme une belle simétrie dans un tableau, ou comme une piece bien conduite au théâtre. Si j'ai quelque passion dominante c'est celle de l'observation: J'aime à lire dans les cœurs des hommes; comme le mien me fait peu d'illusion, que j'observe de sang-froid & sans intérêt, & qu'une longue expérience m'a donné de la sagacité, je ne me trompe guere dans mes jugemens; aussi c'est là toute la récompense de l'amour propre dans mes études continuelles; car je n'aime point à faire un rolle, mais seulement à voir jouer les autres: La société m'eſt agréable pour la contempler, non pour en faire partie. Si je pouvois changer la nature de mon être & devenir un œil vivant, je ferois volontiers cet échange. Ainſi mon indifférence pour les hommes ne me rend point indépendant d'eux, ſans me ſoucier d'en être vû j'ai beſoin de les voir, & ſans m'être chers ils me ſont néceſſaires.

Les deux premiers états de la ſociété que j'eus occaſion d'obſerver furent les courtiſans & les valets ; deux ordres d'hommes moins différens en effet qu'en apparence & ſi peu dignes d'être étudiés, ſi faciles à connoitre, que je m'ennuyai d'eux au premier regard. En quitant la cour où tout eſt ſitôt vû, je me dérobai ſans le ſavoir au péril qui m'y menaçoit & dont je n'aurois point échapé. Je changeai de nom, & voulant connoitre les militaires, j'allai chercher du ſervice chez un Prince étranger ; c'eſt

là

là que j'eus le bonheur d'être utile à votre pere que le desespoir d'avoir tué son ami forçoit à s'exposer témérairement & contre son devoir. Le cœur sensible & reconnoissant de ce brave officier commença dès lors à me donner meilleure opinion de l'humanité. Il s'unit à moi d'une amitié à laquelle il m'étoit impossible de refuser la mienne, & nous ne cessames d'entretenir depuis ce tems-là des liaisons qui devinrent plus étroites de jour en jour. J'appris dans ma nouvelle condition que l'intérêt n'est pas, comme je l'avois cru, le seul mobile des actions humaines & que parmi les foules de préjugés qui combatent la vertu, il en est aussi qui la favorisent. Je conçus que le caractere général de l'homme est un amour-propre indifférent par lui-même, bon ou mauvais par les accidens qui le modifient & qui dépendent des coutumes, des loix, des rangs, de la fortune,

ne, & de toute notre police humaine. Je me livrai donc à mon penchant, &, méprisant la vaine opinion des conditions, je me jettai successivement dans les divers états qui pouvoient m'aider à les comparer tous & à connoitre les uns par les autres. Je sentis, comme vous l'avez remarqué dans quelque Lettre, dit-il à St. Preux, qu'on ne voit rien quand on se contente de regarder, qu'il faut agir soi-même pour voir agir les hommes, & je me fis acteur pour être spectateur. Il est toujours aisé de descendre: j'essayai d'une multitude de conditions dont jamais homme de la mienne ne s'étoit avisé. Je devins même paysan, & quand Julie m'a fait garçon jardinier, elle ne m'a point trouvé si novice au métier qu'elle auroit pu croire.

Avec la véritable connoissance des hommes, dont l'oisive philosophie ne donne

donne que l'apparence, je trouvai un autre avantage auquel je ne m'étois point attendu. Ce fut d'aiguiser par une vie active cet amour de l'ordre que j'ai reçu de la nature, & de prendre un nouveau goût pour le bien par le plaisir d'y contribuer. Ce sentiment me rendit un peu moins contemplatif, m'unit un peu plus à moi-même, & par une suite assés naturelle de ce progrès, je m'apperçus que j'étois seul. La solitude qui m'ennuya toujours me devenoit affreuse, & je ne pouvois plus espérer de l'éviter longtems. Sans avoir perdu ma froideur j'avois besoin d'un attachement; l'image de la caducité sans consolation m'affligeoit avant le tems, &, pour la premiefois de ma vie, je connus l'inquiétude & la tristesse. Je parlai de ma peine au Baron d'Etange. Il ne faut point, me dit-il, vieillir garçon. Moi-même, après avoir véçu presque indépendant dans les liens du mariage, je ſens que j'ai beſoin de redevenir époux & pere, & je vais me retirer dans le ſein de ma famille. Il ne tiendra qu'à vous d'en faire la votre & de me rendre le fils que j'ai perdu. J'ai une fille unique à marier; elle n'eſt pas ſans mérite; elle a le cœur ſenſible, & l'amour de ſon devoir lui fait aimer tout ce qui s'y rapporte. Ce n'eſt ni une beauté, ni un prodige d'eſprit: mais venez-la voir, & croyez que ſi vous ne ſentez rien pour elle, vous ne ſentirez jamais rien pour perſonne au monde. Je vins, je vous vis, Julie, & je trouvai que votre pere m'avoit parlé modeſtement de vous. Vos tranſports, vos larmes de joye en l'embraſbraſſant me donnerent la premiere ou plutôt la ſeule émotion que j'aye éprouvée de ma vie. Si cette impreſſion fut legere, elle étoit unique, & les ſentimens n'ont beſoin de force pour agir qu'en pro-

proportion de ceux qui leur résistent. Trois ans d'absence ne changerent point l'état de mon cœur. L'état du votre ne m'échapa pas à mon retour, & c'est ici qu'il faut que je vous vange d'un aveu qui vous a tant coûté. Juge, ma chere, avec quelle étrange surprise j'appris alors que tous mes secrets lui avoient été révélés avant mon mariage, & qu'il m'avoit épousée sans ignorer que j'appartenois à un autre.

Cette conduite étoit inexcusable, a continué M. de Wolmar. J'offensois la délicatesse; je péchois contre la prudence ; j'exposois votre honneur & le mien; je devois craindre de nous précipiter tous deux dans des malheurs sans ressource: mais je vous aimois, & n'aimois que vous. Tout le reste m'étoit indifférent. Comment reprimer la passion même la plus foible, quand elle est sans contrepoids? Voila l'inconvénient des caracteres froids & tran-

tranquilles. Tout va bien tant que leur froideur les garantit des tentations; mais s'il en survient une qui les atteigne, ils sont aussi-tôt vaincus qu'attaqués, & la raison, qui gouverne tandis qu'elle est seule, n'a jamais de force pour resister au moindre effort. Je n'ai été tenté qu'une fois, & j'ai succombé. Si l'ivresse de quelque autre passion m'eut fait vaciller encore, j'aurois fait autant de chutes que de faux-pas: il n'y a que des âmes de feu qui sachent combattre & vaincre. Tous les grands efforts, toutes les actions sublimes sont leur ouvrage; la froide raison n'a jamais rien fait d'illustre, & l'on ne triomphe des passions qu'en les opposant l'une à l'autre. Quand celle de la vertu vient à s'élever, elle domine seule & tient tout en équilibre; voilà comment se forme le vrai sage, qui n'est pas plus qu'un autre à l'abri des passions, mais qui seul sait les vaincre

par

par elles-mêmes, comme un pilote fait route par les mauvais vents.

Vous voyez que je ne prétends pas exténuer ma faute ; ſi c'en eut été une je l'auroit faite infailliblement; mais, Julie, je vous connoiſſois & n'en fis point en vous épouſant. Je ſentis que de vous ſeule dépendoit tout le bonheur dont je pouvois jouïr, & que ſi quelqu'un étoit capable de vous rendre heureuſe, c'étoit moi. Je ſavois que l'innocence & la paix étoient néceſſaires à votre cœur, que l'amour dont il étoit préoccupé ne les lui donneroit jamais, & qu'il n'y avoit que l'horreur du crime qui put en chaſſer l'amour. Je vis que votre ame étoit dans un accablement dont elle ne ſortiroit que par un nouveau combat, & que ce ſeroit en ſentant combien vous pouviez encore être eſtimable que vous apprendriez à le devenir.

Votre cœur étoit usé pour l'amour; je comptai donc pour rien une disproportion d'âges qui m'ôtoit le droit de prétendre à un sentiment dont celui qui en étoit l'objet ne pouvoit jouïr, & impossible à obtenir pour tout autre. Au contraire, voyant dans une vie plus d'à moitié écoulée qu'un seul goût s'étoit fait sentir à moi, je jugeai qu'il seroit durable & je me plus à lui conserver le reste de mes jours. Dans mes longues recherches je n'avois rien trouvé qui vous valut, je pensai que ce que vous ne feriez pas, nulle autre au monde ne pourroit le faire; j'osai croire à la vertu & vous épousai. Le mistere que vous me faisiez ne me surprit point; j'en savois les raisons, & je vis dans votre sage conduite celle de sa durée. Par égard pour vous j'imitai votre reserve, & ne voulus point vous ôter l'honneur de me faire un jour de de vous-même un aveu que je voyois à chaque instant sur le bord de vos levres. Je ne me suis trompé en rien; vous avez tenu tout ce que je m'étois promis de vous. Quand je voulus me choisir une épouse, je desirai d'avoir en elle une compagne aimable, sage, heureuse. Les deux premieres conditions sont remplies. Mon enfant, j'espere que la troisieme ne nous manquera pas.

A ces mots, malgré tous mes efforts pour ne l'interrompre que par mes pleurs, je n'ai pu m'empêcher de lui sauter au cou en m'écriant; Mon cher mari! ô le meilleur & le plus aimé des hommes! aprenez-moi ce qui manque à mon bonheur, si ce n'est le votre, & d'être mieux mérité....vous êtes heureuse autant qu'il se peut, a-t-il dit en m'interrompant; vous méritez de l'être; mais il est tems de jouïr en paix d'un bonheur qui vous a jusqu'ici coûté bien des soins. Si votre fidélité m'eut m'eut suffi, tout étoit fait du moment que vous me la promites; j'ai voulu, de plus, qu'elle vous fut facile & douce, & c'est à la rendre telle que nous nous sommes tous deux occupés de concert sans nous en parler. Julie, nous avons réussi; mieux que vous ne pensez, peut-être. Le seul tort que je vous trouve est de n'avoir pu reprendre en vous la confiance que vous vous devez, & de vous estimer moins que votre prix. La modestie extrême a ses dangers ainsi que l'orgueil. Comme une témérité qui nous porte au delà de nos forces les rend impuissantes, un effroi qui nous empêche d'y compter les rend inutiles. La véritable prudence consiste à les bien connoitre & à s'y tenir. Vous en avez acquis de nouvelles en changeant d'état. Vous n'êtes plus cette fille infortunée qui déploroit sa foiblesse en s'y livrant; vous êtes la plus vertueuse des femmes, qui ne connoit d'autres loix

loix que celles du devoir & de l'honneur, & à qui le trop vif ſouvenir de ſes fautes eſt la ſeule faute qui reſte à reprocher. Loin de prendre encore contre vous même des précautions injurieuſes, aprenez donc à compter ſur vous pour pouvoir y compter davantage. Ecartez d'injuſtes défiances capables de réveiller quelquesfois les ſentimens qui les ont produites. Félicitez-vous plutôt d'avoir ſu choiſir un honnête homme dans un âge où il eſt ſi facile de s'y tromper, & d'avoir pris autrefois un amant que vous pouvez avoir aujourd'hui pour ami ſous les yeux de votre mari même. A peine vos liaiſons me furent-elles connues que je vous eſtimai l'un par l'autre. Je vis quel trompeur enthouſiaſme vous avoit tous deux égarés; il n'agit que ſur les belles ames; il les perd quelquesfois, mais c'eſt par un attrait qui ne ſéduit qu'elles. Je jugeai que le même goût qui avoit formé

formé votre union la relâcheroit sitôt qu'elle deviendroit criminelle, & que le vice pouvoit entrer dans des cœurs comme les votres, mais non pas y prendre racine.

Dès lors je compris qu'il regnoit entre vous des liens qu'il ne faloit point rompre; que votre mutuel attachement tenoit à tant de choses louables, qu'il faloit plutôt le regler que l'anéantir; & qu'aucun des deux ne pouvoit oublier l'autre sans perdre beaucoup de son prix. Je savois que les grands combats ne font qu'irriter les grandes passions, & que si les violens efforts exercent l'ame, ils lui coûtent des tourmens dont la durée est capable de l'abatre. J'employai la douceur de Julie pour tempérer sa sévérité. Je nourris son amitié pour vous, dit-il à St. Preux; j'en ôtai ce qui pouvoit y rester de trop, & je crois vous avoir conservé de son propre cœur plus peut-être qu'elle ne vous en en eut laiſſé, ſi je l'euſſe abandonnée à lui-même.

Mes ſuccès m'encouragerent, & je voulus tenter votre guériſon comme j'avois obtenu la ſienne ; car je vous eſtimois, & malgré les préjugés du vice, j'ai toujours reconnu qu'il n'y avoit rien de bien qu'on n'obtint des belles ames avec de la confiance & de la franchiſe. Je vous ai vu, vous ne m'avez point trompé ; vous ne me tromperez point ; & quoique vous ne ſoyez pas encore ce que vous devez être, je vous vois mieux que vous ne penſez & ſuis plus content de vous que vous ne l'êtes vous-même. Je ſais bien que ma conduite a l'air bizarre & choque toutes les maximes communes ; mais les maximes deviennent moins générales à meſure qu'on lit mieux dans les cœurs, & le mari de Julie ne doit pas ſe conduire comme un autre homme. Mes enfans, nous dit-il d'un ton d'autant

tant plus touchant qu'il partoit d'un homme tranquille ; ſoyez ce que vous êtes, & nous ſerons tous contens. Le danger n'eſt que dans l'opinion; n'ayez pas peur de vous & vous n'aurez rien à craindre; ne ſongez qu'au préſent & je vous réponds de l'avenir. Je ne puis vous en dire aujourd'hui davantage; mais ſi mes projets s'accompliſſent & que mon eſpoir ne m'abuſe pas, nos deſtinées ſeront mieux remplies & vous ſerez tous deux plus heureux que ſi vous aviez été l'un à l'autre.

En ſe levant il nous embraſſa, & voulut que nous nous embraſſaſſions auſſi, dans ce lieu .... dans ce lieu même où jadis .... Claire, ô bonne Claire, combien tu m'as toujours aimée! Je n'en fis aucune difficulté. Hélas! que j'aurois eu tort d'en faire! Ce baiſer n'eut rien de celui qui m'avoit rendu le boſquet redoutable. Je m'en félicitai triſtement, & je connus

nus que mon cœur étoit plus changé que jusques-là je n'avois osé le croire.

Comme nous reprenions le chemin du logis, mon mari m'arrêta par la main, & me montrant ce bosquet dont nous sortions, il me dit en riant; Julie, ne craignez plus cet azile; il vient d'être, profané. Tu ne veux pas me croire Cousine, mais je te jure qu'il a quelque don surnaturel pour lire au fond des cœurs: Que le Ciel le lui laisse toujours! avec tant de sujet de me mépriser, c'est sans doute à cet art que je dois son indulgence.

Tu ne vois point encore ici de conseil à donner; patience, mon Ange, nous y voici; mais la conversation que je viens de te rendre étoit nécessaire à l'éclaircissement du reste.

En nous en retournant, mon mari, qui depuis longtems est attendu à Etange, m'a dit qu'il comptoit partir demain

main pour s'y rendre, qu'il te verroit en paſſant, & qu'il y reſteroit cinq ou ſix jours. Sans dire tout ce que je penſois d'un départ auſſi déplacé, j'ai repréſenté qu'il ne me paroiſſoit pas aſſés indiſpenſable pour obliger M. de Wolmar à quiter un hôte qu'il avoit lui-même appellé dans ſa maiſon. Voulez-vous, a-t-il répliqué, que je lui faſſe mes honneurs pour l'avertir qu'il n'eſt pas chez lui ? Je ſuis pour l'hoſpitalité des Valeiſans. J'eſpere qu'il trouve ici leur franchiſe & qu'il nous laiſſe leur liberté. Voyant qu'il ne vouloit pas m'entendre, j'ai pris un autre tour & tâché d'engager notre hôte à faire ce voyage avec lui. Vous trouverez, lui ai-je dit, un ſéjour qui a ſes beautés & même de celles que vous aimez ; vous viſiterez le patrimoine de mes peres & le mien ; l'intérêt que vous prenez à moi ne me permet pas de croire que cette

vue

vue vous ſoit indifférente. J'avois la bouche ouverte pour ajoûter que ce château reſſembloit à celui de Milord Edouard qui .... mais heureuſement j'ai eu le tems de me mordre la langue. Il m'a répondu tout ſimplement que j'avois raiſon & qu'il feroit ce qu'il me plairoit. Mais M. de Wolmar, qui ſembloit vouloir me pouſſer à bout, a repliqué qu'il devoit faire ce qui lui plaiſoit à lui-même. Lequel aimez-vous mieux, venir ou reſter? Reſter, a-t-il dit ſans balancer. Hébien, reſtez, a repris mon mari en lui ſerrant la main: homme honnête & vrai, je ſuis très content de ce mot-là. Il n'y avoit pas moyen d'alterquer beaucoup là-deſſus devant le tiers qui nous écoutoit. J'ai gardé le ſilence, & n'ai pu cacher ſi bien mon chagrin que mon mari ne s'en ſoit apperçu. Quoi donc, a-t-il repris d'un air mécontent, dans un moment où St. Preux étoit loin de nous, aurois-je inutilement

lement plaidé votre cause contre vous même, & Madame de Wolmar se contenteroit-elle d'une vertu qui eut besoin de choisir ses occasions? Pour moi, je suis plus difficile; je veux devoir la fidélité de ma femme à son cœur & non pas au hazard, & il ne me suffit pas qu'elle garde sa foi; je suis offensé qu'elle en doute.

Ensuite il nous a menés dans son cabinet, où j'ai failli tomber de mon haut en lui voyant sortir d'un tiroir, avec les copies de quelques rélations de notre ami que je lui avois données, les originaux mêmes de toutes les Lettres que je croyois avoir vû bruler autrefois par Babi dans la chambre de ma mere. Voila, m'a-t-il dit en nous les montrant les fondemens de ma sécurité; s'ils me trompoient, ce seroit une folie de compter sur rien de ce que respectent les hommes. Je remets ma femme & mon honneur

en

en dépôt à celle qui, fille & séduite, préféroit un acte de bienfaisance à un rendez-vous unique & sûr. Je confie Julie épouse & mere à celui qui maitre de contenter ses desirs sut respecter Julie amante & fille. Que celui de vous deux qui se méprise assés pour penser que j'ai tort le dise, & je me retracte à l'instant. Cousine, crois-tu qu'il fut aisé d'oser répondre à ce langage?

J'ai pourtant cherché un moment dans l'après midi pour prendre en particulier mon mari, & sans entrer dans des raisonnemens qu'il ne m'étoit pas permis de pousser fort loin, je me suis bornée à lui demander deux jours de délai. Ils m'ont été accordés sur le champ; je les employe à t'envoyer cet exprès & à attendre ta réponse, pour savoir ce que je dois faire.

Je sais bien que je n'ai qu'à prier mon mari de ne point partir du tout, & ce-

celui qui ne me refusa jamais rien ne me refusera pas une si légere grace. Mais, ma chere, je vois qu'il prend plaisir à la confiance qu'il me témoigne, & je crains de perdre une partie de son estime, s'il croit que j'aye besoin de plus de réserve qu'il ne m'en permet. Je sais bien encore que je n'ai qu'à dire un mot à St. Preux, & qu'il n'hésitera pas à l'accompagner: mais mon mari prendra-t-il ainsi le change, & puis-je faire cette démarche sans conserver sur St. Preux un air d'autorité, qui sembleroit lui laisser à son tour quelque sorte de droits? Je crains, d'ailleurs, qu'il n'infere de cette précaution que je la sens nécessaire, & ce moyen, qui semble d'abord le plus facile, est peut-être au fond le plus dangereux. Enfin je n'ignore pas que nulle considération ne peut être mise en balance avec un danger réel; mais ce danger existe-t-il en effet?

Voila

Voila précisément le doute que tu dois résoudre.

Plus je veux sonder l'état présent de mon ame, plus j'y trouve dequoi me rassurer. Mon cœur est pur, ma conscience est tranquille, je ne sens ni trouble ni crainte, & dans tout ce qui se passe en moi, ma sincérité vis-à-vis de mon mari ne me coûte aucun effort. Ce n'est pas que certains souvenirs involontaires ne me donnent quelquefois un attendrissement dont il vaudroit mieux être exempte; mais bien loin que ces souvenirs soient produits par la vue de celui qui les a causés, ils me semblent plus rares depuis son retour, & quelque doux qu'il me soit de le voir, je ne sais par quelle bizarrerie il m'est plus doux de penser à lui. En un mot, je trouve que je n'ai pas même besoin du secours de la vertu pour être paisible en sa présence, & que quand l'horreur du crime

crime n'existeroit pas, les sentimens qu'elle a détruits auroient bien de la peine à renaitre.

Mais, mon ange, est-ce assés que mon cœur me rassure, quand la raison doit m'allarmer? J'ai perdu le droit de compter sur moi. Qui me répondra que ma confiance n'est pas encore une illusion du vice? comment me fier à des sentimens qui m'ont tant de fois abusée? Le crime ne commence-t-il pas toujours par l'orgueil qui fait mépriser la tentation, & braver des périls où l'on a succombé, n'est-ce pas vouloir succomber encore?

Pese toutes ces considérations, ma Cousine, tu verras que quand elles seroient vaines par elles-mêmes, elles sont assés graves par leur objet pour mériter qu'on y songe. Tire-moi donc de l'incertitude où elles m'ont mise. Marque-moi comment je dois me comporter dans

cette

cette occasion délicate; car mes erreurs passées ont altéré mon jugement, & me rendent timide à me déterminer sur toutes choses. Quoique tu penses de toi-même, ton ame est calme & tranquille, j'en suis sûre; les objets s'y peignent tels qu'ils sont; mais la mienne toujours émue comme une onde agitée les confond & les défigure. Je n'ose plus me fier à rien de ce que je vois ni de ce que je sens, & malgré de si longs repentirs, j'éprouve avec douleur que le poids d'une ancienne faute est un fardeau qu'il faut porter toute sa vie.

LETTRE XIII.

Réponse.

PAuvre Cousine! que de tourmens tu te donnes sans cesse avec tant de sujets de vivre en paix! Tout ton mal vient de toi, ô Israël! Si tu suivois tes propres regles; que dans les choses de sentiment tu n'écoutasses que la voix intérieure, & que ton cœur fit taire ta raison, tu te livrerois sans scrupule à la sécurité qu'il t'inspire, & tu ne t'efforcerois point, contre son témoignage, de craindre un peril qui ne peut venir que de lui.

Je t'entens, je t'entens bien, ma Julie; plus sûre de toi que tu ne feins de l'être, tu veux t'humilier de tes fautes passées sous prétexte d'en prévenir de nouvelles, & tes scrupules sont bien moins

moins des précautions pour l'avenir qu'une peine imposée à la témérité qui t'a perdue autrefois. Tu compares les tems; y penses-tu? compare aussi les conditions, & souviens-toi que je te reprochois alors ta confiance, comme je te reproche aujourd'hui ta frayeur.

Tu t'abuses, ma chere enfant; on ne se donne point ainsi le change à soi-même: si l'on peut s'étourdir sur son état en n'y pensant point, on le voit tel qu'il est sitôt qu'on veut s'en occuper, & l'on ne se déguise pas plus ses vertus que ses vices. Ta douceur, ta dévotion t'ont donné du penchant à l'humilité. Défie-toi de cette dangereuse vertu qui ne fait qu'animer l'amour-propre en le concentrant, & crois que la noble franchise d'une ame droite est préférable à l'orgueil des humbles. S'il faut de la tempérance dans la sagesse, il en faut aussi dans les précautions qu'elle inspire;

 de

de peur que des ſoins ignominieux à la vertu n'aviliſſent l'ame, & n'y réaliſent un danger chimérique à force de nous en allarmer. Ne vois-tu pas qu'après s'être relevé d'une chute il faut ſe tenir debout, & que s'incliner du côté oppoſé à celui où l'on eſt tombé, c'eſt le moyen de tomber encore? Couſine, tu fus amante comme Héloïſe, te voila dévote comme elle; plaiſe à Dieu que ce ſoit avec plus de ſuccès! En vérité, ſi je connoiſſois moins ta timidité naturelle, tes terreurs ſeroient capables de m'effrayer à mon tour, & ſi j'étois auſſi ſcrupuleuſe, à force de craindre pour toi tu me ferois trembler pour moi-même.

Penſes-y mieux, mon aimable amie; toi dont la morale eſt auſſi facile & douce qu'elle eſt honnête & pure, ne mets-tu point une âpreté trop rude & qui ſort de ton caractere dans tes maximes ſur la ſéparation des ſexes. Je conviens avec

toi

toi qu'ils ne doivent pas vivre ensemble ni d'une même maniere; mais regarde si cette importante regle n'auroit pas besoin de plusieurs distinctions dans la pratique, s'il faut l'appliquer indifféremment & sans exception aux femmes & aux filles, à la société générale & aux entretiens particuliers, aux affaires & aux amusemens, & si la décence & l'honnêteté qui l'inspirent ne la doivent pas quelquefois tempérer? Tu veux qu'en un pays de bonnes mœurs où l'on cherche dans le mariage des convenances naturelles, il y ait des assemblées où les jeunes gens des deux sexes puissent se voir, se connoitre, & s'assortir; mais tu leur interdis avec grande raison toute entrevue particuliere. Ne seroit-ce pas tout le contraire pour les femmes & les meres de famille qui ne peuvent avoir aucun intérêt légitime à se montrer en public, que les soins domestiques retiennent dans l'intérieur de leur maison,

& qui ne doivent s'y refuser à rien de convenable à la maitresse du logis? Je n'aimerois pas à te voir dans tes caves aller faire goûter les vins aux marchands, ni quiter tes enfans pour aller regler des comptes avec un banquier; mais s'il survient un honnête homme qui vienne voir ton mari, ou traitter avec lui de quelque affaire, refuseras-tu de recevoir son hôte en son absence & de lui faire les honneurs de ta maison, de peur de te trouver tête à tête avec lui? Remonte au principe & toutes les regles s'expliqueront. Pourquoi pensons-nous que les femmes doivent vivre retirées & séparées des hommes? Ferons-nous cette injure à notre sexe de croire que ce soit par des raisons tirées de sa foiblesse, & seulement pour éviter le danger des tentations? Non, ma chere, ces indignes craintes ne conviennent point à une femme de bien, à une mere de famille sans

cesse

ceſſe environnée d'objets qui nourriſſent en elle des ſentiment d'honneur, & livrée aux plus reſpectables devoirs de la nature. Ce qui nous ſépare des hommes, c'eſt la nature elle-même qui nous preſcrit des occupations différentes; c'eſt cette douce & timide modeſtie qui, ſans ſonger préciſément à la chaſteté, en eſt la plus ſûre gardienne; c'eſt cette réſerve attentive & piquante qui, nourriſſant à la fois dans les cœurs des hommes & les deſirs & le reſpect, ſert pour ainſi dire de coqueterie à la vertu. Voila pourquoi les époux mêmes ne ſont pas exceptés de la regle. Voila pourquoi les femmes les plus honnêtes conſervent en général le plus d'aſcendant ſur leurs maris; parce qu'à l'aide de cette ſage & diſcrette réſerve, ſans caprice & ſans refus, elles ſavent au ſein de l'union la plus tendre les maintenir à une certaine diſtance, & les empêchent de jamais ſe raſſafier d'elles. Tu conviendras avec moi que ton précepte eſt trop général pour ne pas comporter des exceptions, & que n'étant point fondé ſur un devoir rigoureux, la même bienſéance qui l'établit peut quelquefois en diſpenſer.

La circonſpection que tu fondes ſur tes fautes paſſées eſt injurieuſe à ton état préſent; je ne la pardonnerois jamais à ton cœur, & j'ai bien de la peine à la pardonner à ta raiſon. Comment le rempart qui défend ta perſonne n'a-t-il pu te garantir d'une crainte ignominieuſe? Comment ſe peut-il que ma Couſine, ma ſœur, mon amie, ma Julie confonde les foibleſſes d'une fille trop ſenſible avec les infidélités d'une femme coupable? Regarde tout autour de toi, tu n'y verras rien qui ne doive élever & ſoutenir ton ame. Ton mari qui en préſume tant & dont tu as l'eſtime à juſtifier; tes enfans que tu veux former au bien & qui s'ho-

nore-

noreront un jour de t'avoir eue pour mere; ton vénérable pere qui t'eſt ſi cher, qui jouït de ton bonheur & s'illuſtre de ſa fille plus même que de ſes ayeux; ton amie dont le ſort dépend du tien & à qui tu dois compte d'un retour auquel elle a contribué; ſa fille à qui tu dois l'exemple des vertus que tu lui veux inſpirer; ton ami, cent fois plus idolâtre des tiennes que de ta perſonne, & qui te reſpecte encore plus que tu ne le redoutes; toi-même, enfin, qui trouves dans ta ſageſſe le prix des efforts qu'elle t'a coûtés, & qui ne voudras jamais perdre en un moment le fruit de tant de peines; combien de motifs capables d'animer ton courage te font honte de t'oſer défier de toi! Mais pour répondre de ma Julie, qu'ai-je beſoin de conſidérer ce qu'elle eſt? Il me ſuffit de ſavoir ce qu'elle fut durant les erreurs qu'elle déplore. Ah! ſi jamais ton cœur eut été capable d'infidélité, je te permettrois de la craindre toujours: mais dans l'instant même où tu croyois l'envisager dans l'éloignement, conçois l'horreur qu'elle t'eut fait présente, par celle qu'elle t'inspira dès qu'y penser eut été la commettre.

Je me souviens de l'étonnement avec lequel nous aprenions autrefois qu'il y a des pays où la foiblesse d'une jeune amante est un crime irrémissible, quoique l'adultere d'une femme y porte le doux nom de galanterie, & où l'on se dédomage ouvertement étant mariée de la courte gêne où l'on vivoit étant fille. Je sais quelles maximes regnent là-dessus dans le grand monde où la vertu n'est rien, où tout n'est que vaine apparence, où les crimes s'effacent par la difficulté de les prouver, où la preuve même en est ridicule contre l'usage qui les autorise. Mais toi, Julie, ô toi qui brulant d'une flamme pure & fidelle n'étois coupable qu'aux yeux des

des hommes, & n'avois rien à te reprocher entre le ciel & toi! toi qui te faisois respecter au milieu de tes fautes; toi qui livrée à d'impuissans regrets nous forçois d'adorer encore les vertus que tu n'avois plus; toi qui t'indignois de supporter ton propre mépris, quand tout sembloit te rendre excusable; oses-tu redouter le crime après avoir payé si cher ta foiblesse? Oses-tu craindre de valoir moins aujourd'hui que dans les tems qui t'ont tant coûté de larmes? Non, ma chere, loin que tes anciens égaremens doivent t'allarmer ils doivent animer ton courage; un repentir si cuisant ne mêne point au remords, & quiconque est si sensible à la honte ne sait point braver l'infamie.

Si jamais une ame foible eut des soutiens contre sa foiblesse, ce sont ceux qui s'offrent à toi; si jamais une ame forte a pu se soutenir elle-même, la tienne a-t-elle besoin d'appui? Di-moi donc

donc quels ſont les raiſonnables motifs de crainte? Toute ta vie n'a été qu'un combat continuel où, même après ta défaite, l'honneur le devoir n'ont ceſſé de réſiſter & ont fini par vaincre. Ah Julie! croirai-je qu'après tant de tourmens & de peines, douze ans de pleurs & ſix ans de gloire te laiſſent redouter une épreuve de huit jours? En deux mots, ſois ſincere avec toi-même; ſi le péril exiſte, ſauve ta perſonne & rougis de ton cœur; s'il n'exiſte pas, c'eſt outrager ta raiſon, c'eſt flétrir ta vertu que de craindre un danger qui ne peut l'atteindre. Ignores-tu qu'il eſt des tentations deshonorantes qui n'approcherent jamais d'une ame honnête, qu'il eſt même honteux de les vaincre, & que ſe précautionner contre elles eſt moins s'humilier que s'avilir?

Je ne prétens pas te donner mes raiſons pour invincibles, mais te montrer ſeulement qu'il y en a qui combatent les

tien-

tiennes, & cela ſuffit pour autoriſer mon avis. Ne t'en rapporte ni à toi qui ne ſais pas te rendre juſtice, ni à moi qui dans tes défauts n'ai jamais ſu voir que ton cœur, & t'ai toujours adorée; mais à ton mari qui te voit telle que tu es, & te juge exactement ſelon ton mérite. Prompte, comme tous les gens ſenſibles, à mal juger de ceux qui ne le ſont pas, je me défiois de ſa pénétration dans les ſecrets des cœurs tendres; mais depuis l'arrivée de notre voyageur, je vois par ce qu'il m'écrit qu'il lit très bien dans les votres, & que pas un des mouvemens qui s'y paſſent n'échape à ſes obſervations. Je les trouve même ſi fines & ſi juſtes que j'ai rebrouſſé preſque à l'autre extrémité de mon premier ſentiment, & je croirois volontiers que les hommes froids qui conſultent plus leurs yeux que leur cœur jugent mieux des paſſions d'autrui, que les gens turbulens

&

& vifs ou vains comme moi, qui commencent toujours par se mettre à la place des autres, & ne savent jamais voir que ce qu'ils sentent. Quoiqu'il en soit, M. de Wolmar te connoit bien, il t'estime, il t'aime, & son sort est lié au tien. Que lui manque-t-il pour que tu lui laisses l'entiere direction de ta conduite sur laquelle tu crains de t'abuser? Peut-être sentant approcher la vieillesse, veut-il par des épreuves propres à le rassurer prévenir les inquiétudes jalouses qu'une jeune femme inspire ordinairement à un vieux mari; peut-être le dessein qu'il a demande-t-il que tu puisses vivre familierement avec ton ami, sans allarmer ni ton époux ni toi-même; peut-être veut-il seulement te donner un témoignage de confiance & d'estime digne de celle qu'il a pour toi. Il ne faut jamais se refuser à de pareils sentimens comme si l'on n'en pouvoit soutenir le poids; &

pour

pour moi, je penſe en un mot que tu ne peux mieux ſatisfaire à la prudence & à la modeſtie qu'en te rapportant de tout à ſa tendreſſe & à ſes lumieres.

Veux-tu, ſans deſobliger M. de Wolmar te punir d'un orgueil que tu n'eus jamais, & prévenir un danger qui n'exiſte plus? Reſtée ſeule avec le philoſophe, prend contre lui toutes les précautions ſuperflues qui t'auroient été jadis ſi néceſſaires; impoſe-toi la même reſerve que ſi avec ta vertu tu pouvois te défier encore de ton cœur & du ſien. Evite les converſations trop affectueuſes, les tendres ſouvenirs du paſſé; interromps ou préviens les trop longs tête-à-têtes; entoure-toi ſans ceſſe de tes enfans; reſte peu ſeule avec lui dans la chambre, dans l'Eliſée, dans le boſquet malgré la profanation. Surtout prend ces meſures d'une maniere ſi naturelle qu'elles ſemblent un effet du hazard, & qu'il ne puiſſe imaginer un moment que tu le redoutes. Tu aimes les promenades en bateau; tu t'en prives pour ton mari qui craint l'eau, pour tes enfans que tu n'y veux pas exposer. Prens le tems de cette absence pour te donner cet amusement, en laissant tes enfans sous la garde de la Fanchon. C'est le moyen de te livrer sans risque aux doux épanchemens de l'amitié, & de jouïr paisiblement d'un long tête-à-tête sous la protection des Bateliers, qui voyent sans entendre, & dont on ne peut s'éloigner avant de penser à ce qu'on fait.

Il me vient encore une idée qui feroit rire beaucoup de gens, mais qui te plaira, j'en suis sûre; c'est de faire en l'absence de ton mari un journal fidele pour lui être montré à son retour, & de songer au journal dans tous les entretiens qui doivent y entrer. A la vérité, je ne crois pas qu'un pareil expédient fut utile à beaucoup de femmes; mais une ame franche & incapable de mauvaise foi a contre le vice bien des ressources qui manqueront toujours aux autres. Rien n'est méprisable de ce qui tend à garder la pureté, & ce sont les petites précautions qui conservent les grandes vertus.

Au reste, puisque ton mari doit me voir en passant, il me dira, j'espere, les véritables raisons de son voyage, &, si je ne les trouve pas solides, ou je le détournerai de l'achever, ou quoiqu'il arrive, je ferai ce qu'il n'aura pas voulu faire: c'est sur quoi tu peux compter. En attendant, en voila je pense plus qu'il n'en faut pour te rassurer contre une épreuve de huit jours. Va, ma Julie, je te connois trop bien pour ne pas répondre de toi autant & plus que de moi-même. Tu seras toujours ce que tu dois & que tu veux être. Quand tu te livrerois à la seule honnêteté de ton ame, tu ne

ris-

risquerois rien encore ; car je n'ai point de foi aux défaites imprévues ; on a beau couvrir du vain nom de foiblesses des fautes toujours volontaires ; jamais femme ne succombe qu'elle n'ait voulu succomber, & si je pensois qu'un pareil sort put t'attendre, crois-moi, crois-en ma tendre amitié, crois-en tous les sentimens qui peuvent naitre dans le cœur de ta pauvre Claire ; j'aurois un intérêt trop sensible à t'en garantir pour t'abandonner à toi-seule.

Ce que M. de Wolmar t'a déclaré des connoissances qu'il avoit avant ton mariage me surprend peu : tu sais que je m'en suis toujours doutée ; & je te dirai, de plus, que mes soupçons ne se sont pas bornés aux indiscretions de Babi. Je n'ai jamais pu croire qu'un homme droit & vrai comme ton pere, & qui avoit tout au moins des soupçons lui-même, put se résoudre à tromper son gendre & son ami mi. Que s'il t'engageoit si fortement au secret, c'est que la maniere de le réveler devenoit fort différente de sa part ou de la tienne, & qu'il vouloit sans doute y donner un tour moins propre à rebuter M. de Wolmar, que celui qu'il savoit bien que tu ne manquerois pas d'y donner toi-même. Mais il faut te renvoyer ton exprès, nous causerons de tout cela plus à loisir dans un mois d'ici.

Adieu, petite Cousine, c'est assés prêcher la prêcheuse; reprend ton ancien métier, & pour cause. Je me sens toute inquiete de n'être pas encore avec toi. Je brouille toutes mes affaires en me hâtant de les finir, & ne sais guere ce que je fais. Ah Chaillot, Chaillot! .... si j'étois moins folle .... mais j'espere de l'être toujours.

P. S. A propos; j'oubliois de faire compliment à ton Altesse. Di-moi,

je

je t'en prie, Monseigneur ton mari est-il Atteman, Knès, ou Boyard? Pour moi je croirai jurer s'il faut t'appeller Madame la Boyarde (*). O pauvre enfant! Toi qui as tant gémi d'être née Demoiselle, te voilà bien chançeuse d'être la femme d'un Prince! Entre nous, cependant, pour une Dame de si grande qualité, je te trouve des frayeurs un peu roturieres. Ne sais-tu pas que les petits scrupules ne conviennent qu'aux petites gens, & qu'on rit d'un enfant de bonne maison qui prétend être fils de son pere?

(*) Mad. D'Orbe ignoroit apparemment que les deux premiers noms sont en effet des titres distingués, mais qu'un Boyard n'est qu'un simple gentilhomme.

LETTRE

LETTRE XIV.

De M. de Wolmar à Mad^e. d'Orbe.

JE pars pour Etange, petite Cousine, je m'étois proposé de vous voir en allant; mais un retard dont vous êtes cause me force à plus de diligence, & j'aime mieux coucher à Lausanne en revenant, pour y passer quelques heures de plus avec vous. Aussi bien j'ai à vous consulter sur plusieurs choses dont il est bon de vous parler d'avance, afin que vous ayez le tems d'y réfléchir avant de m'en dire votre avis.

Je n'ai point voulu vous expliquer mon projet au sujet du jeune homme, avant que sa présence eut confirmé la bonne opinion que j'en avois conçue. Je crois déja m'être assés assuré de lui pour vous confier entre nous que ce projet est de le charger de l'éducation de mes enfans. Je n'ignore pas que ces ſoins importans ſont le principal devoir d'un pere; mais quand il ſera tems de les prendre je ſerai trop âgé pour les remplir, & tranquille & contemplatif par tempéramment, j'eus toujours trop peu d'activité pour pouvoir regler celle de la jeuneſſe. D'ailleurs par la raiſon qui vous eſt connue (*) Julie ne me verroit point ſans inquiétude prendre une fonction dont j'aurois peine à m'acquiter à ſon gré. Comme par mille autres raiſons votre ſexe n'eſt pas propre à ces mêmes ſoins, leur mere s'occupera toute entiere à bien élever ſon Henriette; je vous deſtine pour votre part le gouvernement du ménage ſur le plan que vous trouverez établi & que vous

(*) Cette raiſon n'eſt pas connue encore du Lecteur; mais il eſt prié de ne pas s'impatienter.

vous avez approuvé; la mienne ſera de voir trois honnêtes gens concourrir au bonheur de la maiſon, & de goûter dans ma vieilleſſe un repos qui ſera leur ouvrage.

J'ai toujours vû que ma femme auroit une extrême répugnance à confier ſes enfans à des mains mercenaires, & je n'ai pu blâmer ſes ſcrupules. Le reſpectable état de précepteur exige tant de talens qu'on ne ſauroit payer, tant de vertus qui ne ſont point à prix, qu'il eſt inutile d'en chercher un avec de l'argent. Il n'y a qu'un homme de génie en qui l'on puiſſe eſpérer de trouver les lumieres d'un maitre; il n'y a qu'un ami très tendre à qui ſon cœur puiſſe inſpirer le zele d'un pere; & le génie n'eſt guere à vendre, encore moins l'attachement.

Votre ami m'a paru réunir en lui toutes les qualités convenables, & ſi j'ai bien connu ſon ame, je n'imagine pas pour lui de plus grande félicité que de faire dans ces enfans chéris celle de leur mere. Le ſeul obſtacle que je puiſſe prévoir eſt dans ſon affection pour Milord Edouard, qui lui permettra difficilement de ſe détacher d'un ami ſi cher & auquel il a de ſi grandes obligations, à moins qu'Edouard ne l'exige lui-même. Nous attendons bien tôt cet homme extraordinaire, & comme vous avez beaucoup d'empire ſur ſon eſprit, s'il ne dément pas l'idée que vous m'en avez donnée, je pourrois bien vous charger de cette négociation près de lui.

Vous avez à préſent, petite Couſine, la clé de toute ma conduite qui ne peut que paroitre fort bizarre ſans cette explication, & qui, j'eſpere, aura deſormais l'approbation de Julie & la votre. L'avantage d'avoir une femme comme la mienne m'a fait tenter des moyens qui ſe-

roient

roient impraticables avec une autre. Si je la laiſſe en toute confiance avec ſon ancien amant ſous la ſeule garde de ſa vertu, je ſerois inſenſé d'établir dans ma maiſon cet amant avant de m'aſſurer qu'il eut pour jamais ceſſé de l'être, & comment pouvoir m'en aſſurer, ſi j'avois une épouſe ſur laquelle je comptaſſe moins?

Je vous ai vû quelquefois ſourire à mes obſervations ſur l'amour; mais pour le coup je tiens dequoi vous humilier. J'ai fait une découverte que ni vous ni femme au monde avec toute la ſubtilité qu'on prête à votre ſexe n'euſſiez jamais faite, dont pourtant vous ſentirez peut-être l'évidence au premier inſtant, & que vous tiendrez au moins pour démontrée quand j'aurai pu vous expliquer ſur quoi je la fonde. De vous dire que mes jeunes gens ſont plus amoureux que jamais, ce n'eſt pas, ſans doute, une merveille à vous apprendre. De vous aſſurer au con-

contraire qu'ils ſont parfaittement guéris; vous ſavez ce que peuvent la raiſon, la vertu, ce n'eſt pas là, non plus, leur plus grand miracle: mais que ces deux opposés ſoient vrais en même tems; qu'ils brulent plus ardemment que jamais l'un pour l'autre, & qu'il ne regne plus entre eux qu'un honnête attachement; qu'ils ſoient toujours amans & ne ſoient plus qu'amis; c'eſt, je penſe, à quoi vous vous attendez moins, ce que vous aurez plus de peine à comprendre, & ce qui eſt pourtant ſelon l'exacte vérité.

Telle eſt l'énigme que forment les contradictions fréquentes que vous avez dû remarquer en eux, ſoit dans leurs diſcours ſoit dans leurs lettres. Ce que vous avez écrit à Julie au ſujet du portrait a ſervi plus que tout le reſte à m'en éclaircir le miſtere, & je vois qu'ils ſont toujours de bonne foi, même en ſe démentant ſans ceſſe. Quand je dis eux, c'eſt

ſur-

ſurtout le jeune homme que j'entens; car pour votre amie, on n'en peut parler que par conjecture: Un voile de ſageſſe & d'honnêteté fait tant de replis autour de ſon cœur, qu'il n'eſt plus poſſible à l'œil humain d'y pénétrer, pas même au ſien propre. La ſeule choſe qui me fait ſoupçonner qu'il lui reſte quelque défiance à vaincre eſt qu'elle ne ceſſe de chercher en elle-même ce qu'elle feroit ſi elle étoit tout-à-fait guérie, & le fait avec tant d'exactitude, que ſi elle étoit réellement guérie elle ne le feroit pas ſi bien.

Pour votre ami, qui bien que vertueux s'effraye moins des ſentimens qui lui reſtent, je lui vois encore tous ceux qu'il eut dans ſa premiere jeuneſſe; mais je les vois ſans avoir droit de m'en offenſer. Ce n'eſt pas de Julie de Wolmar qu'il eſt amoureux, c'eſt de Julie d'Etange; il ne me hait point comme le poſſeſſeur de la perſonne qu'il aime, mais comme le raviſ-

 ſeur

ſeur de celle qu'il a aimée. La femme d'un autre n'eſt point ſa maitreſſe, la mere de deux enfans n'eſt plus ſon ancienne écoliere. Il eſt vrai qu'elle lui reſſemble beaucoup & qu'elle lui en rappelle ſouvent le ſouvenir. Il l'aime dans le tems paſſé: voila le vrai mot de l'énigme. Otez-lui la mémoire, il n'aura plus d'amour.

Ceci n'eſt pas une vaine ſubtilité, petite Couſine, c'eſt une obſervation très ſolide qui, étendue à d'autres amours, auroit peut-être une application bien plus générale qu'il ne paroit. Je penſe même qu'elle ne ſeroit pas difficile à expliquer en cette occaſion par vos propres idées. Le tems où vous ſéparates ces deux amans fut celui où leur paſſion étoit à ſon plus haut point de véhémence. Peut-être s'ils fuſſent reſtés plus longtems enſemble ſe ſeroient-ils peu à peu refroidis; mais leur imagination vivement émue les a ſans ceſſe

ceſſe offerts l'un à l'autre tels qu'ils étoient à l'inſtant de leur ſéparation. Le jeune homme ne voyant point dans ſa maitreſſe les changemens qu'y faiſoit le progrès du tems l'aimoit telle qu'il l'avoit vue, & non plus telle qu'elle étoit (*). Pour le rendre heureux il n'étoit pas queſtion ſeulement de la lui donner, mais de la lui rendre au même âge & dans les mê-

(*) Vous êtes bien folles, vous autres femmes, de vouloir donner de la conſiſtance à un ſentiment auſſi frivole & auſſi paſſager que l'amour. Tout change dans la nature, tout eſt dans un flux continuel, & vous voulez inſpirer des feux conſtans? Et de quel droit prétendez-vous être aimée aujourd'hui parce que vous l'etiez hier? Gardez donc le même viſage, le même âge, la même humeur; ſoyez toujours la même & l'on vous aimera toujours, ſi l'on peut. Mais changer ſans ceſſe & vouloir toujours qu'on vous aime, c'eſt vouloir qu'à chaque inſtant on ceſſe de vous aimer; ce n'eſt pas chercher des cœurs conſtans, c'eſt en chercher d'auſſi changeans que vous.

mêmes circonſtances où elle s'étoit trouvée au tems de leurs premieres amours; la moindre altération à tout cela étoit autant d'ôté du bonheur qu'il s'étoit promis. Elle eſt devenue plus belle, mais elle a changé; ce qu'elle a gagné tourne en ce ſens à ſon préjudice; car c'eſt de l'ancienne & non pas d'une autre qu'il eſt amoureux.

L'erreur qui l'abuſe & le trouble eſt de confondre les tems & de ſe reprocher ſouvent comme un ſentiment actuel, ce qui n'eſt que l'effet d'un ſouvenir trop tendre; mais je ne ſais s'il ne vaut pas mieux achever de le guérir que le deſabuſer. On tirera peut-être meilleur parti pour cela de ſon erreur, que de ſes lumieres. Lui découvrir le véritable état de ſon cœur ſeroit lui apprendre la mort de ce qu'il aime; ce ſeroit lui donner une affliction dangereuſe en ce que l'état de triſteſſe eſt toujours favorable à l'amour.

Déli-

Délivré des ſcrupules qui le gênent, il nourriroit peut-être avec plus de complaiſance des ſouvenirs qui doivent s'éteindre; il en parleroit avec moins de reſerve, & les traits de ſa Julie ne ſont pas tellement effacés en Madame de Wolmar qu'à force de les y chercher il ne les y put retrouver encore. J'ai penſé qu'au lieu de lui ôter l'opinion des progrès qu'il croit avoir faits & qui ſert d'encouragement pour achever, il faloit lui faire perdre la mémoire des tems qu'il doit oublier, en ſubſtituant adroitement d'autres idées à celles qui lui ſont ſi cheres. Vous qui contribuâtes à les faire naitre pouvez contribuer plus que perſonne à les effacer; mais c'eſt ſeulement quand vous ſerez tout-à-fait avec nous que je veux vous dire à l'oreille ce qu'il faut faire pour cela; charge qui, ſi je ne me trompe, ne vous ſera pas fort onéreuſe. En attendant, je cherche à le familiariser avec les objets qui l'effarouchent, en les lui présentant de maniere qu'ils ne soient plus dangereux pour lui. Il est ardent, mais foible & facile à subjuguer. Je profite de cet avantage en donnant le change à son imagination. A la place de sa maitresse je le force de voir toujours l'épouse d'un honnête homme & la mere de mes enfans: j'efface un tableau par un autre, & couvre le passé du présent. On méne un Coursier ombrageux à l'objet qui l'effraye, afin qu'il n'en soit plus effrayé. C'est ainsi qu'il en faut user avec ces jeunes gens dont l'imagination brule encore quand leur cœur est déja refroidi, & leur offre dans l'éloignement des monstres qui disparoissent à leur approche.

Je crois bien connoitre les forces de l'un & de l'autre, je ne les expose qu'à des épreuves qu'ils peuvent soutenir; car la sagesse ne consiste pas à prendre indiféféremment toutes ſortes de précautions, mais à choiſir celles qui ſont utiles & à négliger les ſuperflues. Les huit jours pendant leſquels je les vais laiſſer enſemble ſuffiront peut-être pour leur apprendre à démêler leurs vrais ſentimens & connoitre ce qu'ils ſont réellement l'un à l'autre. Plus ils ſe verront ſeul à ſeul, plus ils comprendront aiſément leur erreur en comparant ce qu'ils ſentiront avec ce qu'ils auroient autrefois ſenti dans une ſituation pareille. Ajoûtez qu'il leur importe de s'accoutumer ſans riſque à la familiarité dans laquelle ils vivront néceſſairement ſi mes vues ſont remplies. Je vois par la conduite de Julie qu'elle a reçu de vous des conſeils qu'elle ne pouvoit refuſer de ſuivre ſans ſe faire tort. Quel plaiſir je prendrois à lui donner cette preuve que je ſens tout ce qu'elle vaut, ſi c'étoit une femme auprès de laquelle un mari put ſe faire un mérite de ſa confiance ! Mais quand elle n'auroit rien gagné ſur ſon cœur, ſa vertu reſteroit la même ; elle lui coûteroit davantage, & ne triompheroit pas moins. Au lieu que s'il lui reſte aujourd'hui quelque peine intérieure à ſouffrir, ce ne peut être que dans l'attendriſſement d'une converſation de réminiſcence qu'elle ne ſaura que trop preſſentir, & qu'elle évitera toujours. Ainſi vous voyez qu'il ne faut point juger ici de ma conduite par les regles ordinaires, mais par les vues qui me l'inſpirent, & par le caractere unique de celle envers qui je la tiens.

Adieu, petite Couſine, juſqu'à mon retour. Quoique je n'aye pas donné toutes ces explications à Julie, je n'exige pas que vous lui en faſſiez un miſtere. J'ai pour maxime de ne point interpoſer de ſecrets entre les amis : Ainſi je remets ceux-ci à votre diſcrétion ; faites en

l'uſal'uſage que la prudence & l'amitié vous inſpireront : je ſais que vous ne ferez rien que pour le mieux & le plus honnête.

LETTRE XV.

A Milord Edouard.

M. De Wolmar partit hier pour Etange, & j'ai peine à concevoir l'état de tristesse où m'a laissé son départ. Je crois que l'éloignement de sa femme m'affligeroit moins que le sien. Je me sens plus contraint qu'en sa présence même; un morne silence regne au fond de mon cœur; un effroi secret en étouffe le murmure, &, moins troublé de desirs que de craintes, j'éprouve les terreurs du crime sans en avoir les tentations.

Savez-vous, Milord où mon ame se rassure & perd ces indignes frayeurs? Auprès de Madame de Wolmar. Sitôt que j'approche d'elle sa vue appaise mon trouble, ses regards épurent mon cœur. Tel est l'ascendant du sien qu'il semble toujours inſpirer aux autres le ſentiment de ſon innocence, & le repos qui en eſt l'effet. Malheureuſement pour moi ſa regle de vie ne la livre pas toute la journée à la ſociété de ſes amis, & dans les momens que je ſuis forcé de paſſer ſans la voir, je ſouffrirois moins d'être plus loin d'elle.

Ce qui contribue encore à nourrir la mélancolie dont je me ſens accablé; c'eſt un mot qu'elle me dit hier après le départ de ſon mari. Quoique juſqu'à cet inſtant elle eut fait aſſés bonne contenance, elle le ſuivit longtems des yeux avec un air attendri que j'attribuai d'abord au ſeul éloignement de cet heureux époux; mais je conçus à ſon diſcours que cet attendriſſement avoit encore une autre cauſe qui ne m'étoit pas connue. Vous voyez comme nous vivons, me dit-elle, & vous ſavez s'il m'eſt cher. Ne croyez pas pourtant que le ſentiment qui

m'unit

m'unit à lui, aussi tendre & plus puissant que l'amour, en ait aussi les foiblesses. S'il nous en coûte quand la douce habitude de vivre ensemble est interrompue, l'espoir assuré de la reprendre bientôt nous console. Un état aussi permanent laisse peu de vicissitudes à craindre, & dans une absence de quelques jours, nous sentons moins la peine d'un si court intervalle que le plaisir d'en envisager la fin. L'affliction que vous lisez dans mes yeux vient d'un sujet plus grave, & quoiqu'elle soit relative à M. de Wolmar, ce n'est point son éloignement qui la cause.

Mon cher ami, ajoûta-t-elle d'un ton pénétré, il n'y a point de vrai bonheur sur la terre. J'ai pour mari le plus honnête & le plus doux des hommes; un penchant mutuel se joint au devoir qui nous lie; il n'a point d'autres desirs que les miens; j'ai des enfans qui ne donnent

&

& promettent que des plaiſirs à leur mere; il n'y eut jamais d'amie plus tendre plus vertueuſe plus aimable que celle dont mon cœur eſt idolatre, & je vais paſſer mes jours avec elle; Vous même contribuez à me les rendre chers en juſtifiant ſi bien mon eſtime & mes ſentimens pour vous; Un long & fâcheux procès prêt à finir va ramener dans nos bras le meilleur des peres: tout nous proſpere; l'ordre & la paix regnent dans notre maiſon; nos domeſtiques ſont zélés & fideles, nos voiſins nous marquent toute ſorte d'attachement, nous jouïſſons de la bienveuillance publique. Favoriſée en toutes choſes du ciel, de la fortune & des hommes, je vois tout concourir à mon bonheur. Un chagrin ſecret, un ſeul chagrin l'empoiſonne, & je ne ſuis pas heureuſe. Elle dit ces derniers mots avec un ſoupir qui me perça l'ame, & auquel je vis trop que je n'avois aucune part. Elle n'eſt

pas

pas heureuſe, me dis-je en ſoupirant à mon tour, & ce n'eſt plus moi qui l'empêche de l'être!

Cette funeſte idée bouleverſa dans un inſtant toutes les miennes & troubla le repos dont je commençois à jouïr. Impatient du doute inſupportable où ce diſcours m'avoit jetté, je la preſſai tellement d'achever de m'ouvrir ſon cœur, qu'enfin elle verſa dans le mien ce fatal ſecret & me permit de vous le révéler. Mais voici l'heure de la promenade, Mad^e^. de Wolmar ſort actuellement du gynécée pour aller ſe promener avec ſes enfans, elle vient de me le faire dire. J'y cours, Milord, je vous quite pour cette fois, & remets à reprendre dans une autre lettre le ſujet interrompu dans celle-ci.

LETTRE XVI.

De Made. de Wolmar à son mari.

JE vous attends mardi comme vous me le marquez, & vous trouverez tout arrangé selon vos intentions. Voyez en revenant Made. d'Orbe; elle vous dira ce qui s'est passé durant votre absence; j'aime mieux que vous l'appreniez d'elle que de moi.

Wolmar, il est vrai, je crois mériter votre estime; mais votre conduite n'en est pas plus convenable, & vous jouïssez durement de la vertu de votre femme.

LETTRE XVII.

A Milord Edouard.

JE veux, Milord, vous rendre compte d'un danger que nous courumes ces jours passés, & dont heureusement nous avons été quites pour la peur & un peu de fatigue. Ceci vaut bien une lettre à part; en la lisant vous sentirez ce qui m'engage à vous l'écrire.

Vous savez que la maison de Made. de Wolmar n'est pas loin du lac, & qu'elle aime les promenades sur l'eau. Il y a trois jours que le desœuvrement où l'absence de son mari nous laisse & la beauté de la soirée nous firent projetter une de ces promenades pour le lendemain. Au lever du soleil nous nous rendimes au rivage; nous primes un bateau avec des filets pour pêcher, trois rameurs, un un domeſtique, & nous nous embarquames avec quelques proviſions pour le diner. J'avois pris un fuſil pour tirer des beſolets (*) ; mais elle me fit honte de tuer des oiſeaux à pure perte & pour le ſeul plaiſir de faire du mal. Je m'amuſois donc à rappeller de tems en tems des gros-ſifflets, des tiou-tiou, des Crenets, des ſifflaſſons (†), & je ne tirai qu'un ſeul coup de fort loin ſur une grèbe que je manquai.

Nous paſſames une heure ou deux à pêcher à cinq cent pas du rivage. La pêche fut bonne ; mais, à l'exception d'une truite qui avoit reçu un coup d'aviron, Julie fit tout rejetter à l'eau. Ce ſont dit-elle, des animaux qui ſouffrent, déli-

(*) Oiſeau de paſſage ſur le lac de Genève. Le beſolet n'eſt pas bon à manger.

(†) Diverſes ſortes d'oiſeaux du lac de Genève ; tous très bons à manger.

délivrons-les; jouïssons du plaisir qu'ils auront d'être échapés au péril. Cette opération se fit lentement, à contrecœur, non sans quelques réprésentations, & je vis aisément que nos gens auroient mieux goûté le poisson qu'ils avoient pris que la morale qui lui sauvoit la vie.

Nous avançames ensuite en pleine eau; puis par une vivacité de jeune homme dont il seroit tems de guérir, m'étant mis à *nager* (*), je dirigeai tellement au milieu du lac que nous nous trouvames bientôt à plus d'une lieue du rivage. (†). Là j'expliquois à Julie toutes les parties du superbe horizon qui nous entouroit. Je lui montrois de loin les embouchures du Rhone dont l'impétueux cours s'arrê-te

(*) Terme des Bateliers du lac de Genève. C'est tenir la rame qui gouverne les autres.

(†) Comment cela? Il s'en faut bien que vis à vis de Clarens le lac n'ait deux lieues de large.

te tout à coup au bout d'un quart de lieue, & ſemble craindre de ſouiller de ſes eaux bourbeuſes le criſtal azuré du lac. Je lui faiſois obſerver les redans des montagnes, dont les angles correſpondans & paralleles forment dans l'eſpace qui les ſepare un lit digne du fleuve qui le remplit. En l'écartant de nos côtes j'aimois à lui faire admirer les riches & charmantes rives du pays de vaud, où la quantité des villes, l'innombrable foule du peuple, les côteaux verdoyans & parés de toutes parts forment un tableau raviſſant; où la terre par tout cultivée & par tout féconde offre au laboureur, au pâtre, au vigneron le fruit aſſuré de leurs peines, que ne dévore point l'avide publicain. Puis lui montrant le Chablais ſur la côte oppoſée, pays non moins favoriſé de la nature, & qui n'offre pourtant qu'un ſpectacle de miſere, je lui faiſois ſenſiblement diſtinguer les

 diffé-

différens effets des deux gouvernemens, pour la richesse le nombre & le bonheur des hommes. C'est ainsi, lui disois-je que la terre ouvre son sein fertile & prodigue ses trésors aux heureux peuples qui la cultivent pour eux-mêmes. Elle semble sourire & s'animer au doux spectacle de la liberté; elle aime à nourir des hommes. Au contraire les tristes mazures, la bruyere & les ronces qui couvrent une terre à demi-déserte annoncent de loin qu'un maitre absent y domine, & qu'elle donne à regret à des esclaves quelques maigres productions dont ils ne profitent pas.

Tandis que nous nous amusions agréablement à parcourir ainsi des yeux les côtes voisines, un séchard qui nous poussoit de biais vers la rive opposée s'éleva, fraichit considérablement, & quand nous songeames à revirer, la resistance se trouva si forte qu'il ne fut plus possible

ble à notre frêle bateau de la vaincre. Bientôt les ondes devinrent terribles; il falut regagner la rive de Savoye & tâcher d'y prendre terre au village de Meillerie qui étoit vis-à-vis de nous & qui est presque le seul lieu de cette côte où la greve offre un abord comode. Mais le vent ayant changé se renforçoit, rendoit inutiles les efforts de nos bateliers, & nous faisoit dériver plus bas le long d'une file de rochers escarpés où l'on ne trouve plus d'azile.

Nous nous mimes tous aux rames, & presque au même instant j'eus la douleur de voir Julie saisie du mal de cœur, foible & défaillante au bord du bateau. Heureusement elle étoit faite à l'eau & cet état ne dura pas. Cependant nos efforts croissoient avec le danger; le soleil, la fatigue & la sueur nous mirent tous hors d'haleine & dans un épuisement excessif. C'est alors que retrouvant tout son courage Julie animoit le notre par ſes careſſes compatiſſantes ; elle nous eſſuyoit indiſtinctement à tous le viſage, & mêlant dans un vaſe du vin avec de l'eau de peur d'ivreſſe, elle en offroit alternativement aux plus épuiſés. Non, jamais votre adorable amie ne brilla d'un ſi vif éclat que dans ce moment où la chaleur & l'agitation avoient animé ſon teint d'un plus grand feu, & ce qui ajoutoit le plus à ſes charmes étoit qu'on voyoit ſi bien à ſon air attendri que tous ſes ſoins venoient moins de frayeur pour elle que de compaſſion pour nous. Un inſtant ſeulement deux planches s'étant entre-ouvertes dans un choc qui nous inonda tous, elle crut le bateau briſé, & dans une exclamation de cette tendre mere j'entendis diſtinctement ces mots; O mes enfans, faut-il ne vous voir plus? Pour moi dont l'imagination va toujours plus loin que le mal, quoique je connuſſe au vrai l'état du du péril, je croyois voir de moment en moment le bateau englouti, cette beauté ſi touchante ſe débattre au milieu des flots, & la pâleur de la mort ternir les roſes de ſon viſage.

Enfin à force de travail nous remontames à Meillerie, & après avoir lutté plus d'une heure à-dix pas du rivage, nous parvinmes à prendre terre. En abordant, toutes les fatigues furent oubliées. Julie prit ſur ſoi la reconnoiſſance de tous les ſoins que chacun s'étoit donnés, & comme au fort du danger elle n'avoit ſongé qu'à nous, à terre il lui ſembloit qu'on n'avoit ſauvé qu'elle.

Nous dinâmes avec l'appetit qu'on gagne dans un violent travail. La truite fut apprétée : Julie qui l'aime extrêmement en mangea peu, & je compris que pour ôter aux bateliers le regret de leur ſacrifice, elle ne ſe ſoucioit pas que j'en

mangeaſſe beaucoup moi-même. Milord,
vous l'avez dit mille fois ; dans les petites choſes comme dans les grandes cette
ame aimante ſe peint toujours.

Après le diné, l'eau continuant d'être
raforte, & le bateau ayant beſoin de racomoder, je propoſai un tour de promenade. Julie m'oppoſa le vent, le ſoleil, & ſongeoit à ma laſſitude. J'avois
mes vues, ainſi je répondis à tout. Je
ſuis, lui dis-je, accoutumé dès l'enfance
aux exercices pénibles : loin de nuire à
ma ſanté ils l'affermiſſent, & mon dernier voyage m'a rendu bien plus robuſte
encore. A l'égard du ſoleil & du vent,
vous avez votre chapeau de paille, nous
gagnerons des abris & des bois ; il n'eſt
queſtion que de monter entre quelques
rochers, & vous qui n'aimez pas la plaine en ſupporterez volontiers la fatigue.
Elle fit ce que je voulois, & nous par-
times pendant le diner de nos gens.

Vous ſavez qu'après mon éxil du Valais, je revins il y a dix ans à Meillerie attendre la permiſſion de mon retour. C'eſt là que je paſſai des jours ſi triſtes & ſi délicieux, uniquement occupé d'elle, & c'eſt de là que je lui écrivis une lettre dont elle fut ſi touchée. J'avois toujours deſiré de revoir la retraite iſolée qui me ſervit d'azile au milieu des glaces, & où mon cœur ſe plaiſoit à converſer en lui-même avec ce qu'il eut de plus cher au monde. L'occaſion de viſiter ce lieu ſi chéri, dans une ſaiſon plus agréable & avec celle dont l'image l'habitoit jadis avec moi, fut le motif ſecret de ma promenade. Je me faiſois un plaiſir de lui montrer d'anciens monumens d'une paſſion ſi conſtante & ſi malheureuſe.

Nous y parvimmes après une heure de marche par des ſentiers tortueux &

frais, qui, montant insensiblement entre les arbres & les rochers, n'avoient rien de plus incomode que la longueur du chemin. En approchant & reconnoissant mes anciens renseignemens, je fus prêt à me trouver mal; mais je me surmontai, je cachai mon trouble, & nous arrivames. Ce lieu solitaire formoit un reduit sauvage & desert; mais plein de ces sortes de beautés qui ne plaisent qu'aux ames sensibles & paroissent horribles aux autres. Un torrent formé par la fonte des neiges rouloit à vingt pas de nous une eau bourbeuse, & charrioit avec bruit du limon, du sable & des pierres. Derriere nous une chaîne de roches inaccessibles séparoit l'esplanade où nous étions de cette partie des Alpes qu'on nomme les glacieres, parce que d'énormes sommets de glace qui s'accroissent incessamment les couvrent depuis le commenmencement du monde (*). Des forêts de noirs ſapins nous ombrageoient triſtement à droite. Un grand bois de chêne étoit à gauche au de là du torrent, & au deſſous de nous cette immenſe plaine d'eau que le lac forme au ſein des Alpes nous ſéparoit des riches côtes du pays de vaud, dont la Cime du majeſtueux Jura couronnoit le tableau.

Au milieu de ces grands & ſuperbes objets, le petit terrain où nous étions étaloit les charmes d'un ſéjour riant & champêtre; quelques ruiſſeaux filtroient à travers les rochers, & rouloient ſur la verdure en filets de criſtal. Quelques arbres fruitiers ſauvages panchoient leurs têtes ſur les notres; la terre humide & fraîche

(*) Ces montagnes ſont ſi hautes qu'une demie heure après le ſoleil couché leurs ſommets ſont encore éclairés de ſes rayons, dont le rouge forme ſur ces cimes blanches une belle couleur de roſe qu'on apperçoit de fort loin.

fraîche étoit couverte d'herbe & de fleurs. En comparant un ſi doux ſéjour aux objets qui l'environnoient, il ſembloit que ce lieu déſert dut être l'azile de deux amans échappés ſeuls au bouleverſement de la nature.

Quand nous eumes atteint ce réduit & que je l'eus quelque tems contemplé: Quoi! dis-je à Julie en la regardant avec un œil humide, votre cœur ne vous dit-il rien ici, & ne ſentez-vous point quelque émotion ſecrette à l'aſpect d'un lieu ſi plein de vous? Alors ſans attendre ſa réponſe, je la conduiſis vers le rocher & lui montrai ſon chiffre gravé dans mille endroits, & pluſieurs vers du Petrarque & du Taſſe relatifs à la ſituation où j'étois en les traçant. En les revoyant moi-même après ſi longtems, j'éprouvai combien la préſence des objets peut ranimer puiſſamment les ſentimens violens dont on fut agité près d'eux. Je lui dis avec

H. Gravelot del. P. Choffard Sculp. 1761.

Les monumens des anciennes amours.

avec un peu de véhémence. O Julie, éternel charme de mon cœur! Voici les lieux où soupira jadis pour toi le plus fidelle amant du monde. Voici le séjour où ta chere image faisoit son bonheur, & préparoit celui qu'il reçut enfin de toi-même. On n'y voyoit alors ni ces fruits ni ces ombrages: La verdure & les fleurs ne tapissoient point ces compartimens; le cours de ces ruisseaux n'en formoit point les divisions; ces oiseaux n'y faisoient point entendre leurs ramages, le vorace épervier, le corbeau funebre & l'aigle terrible des alpes faisoient seuls retentir de leurs cris ces cavernes; d'immenses glaces pendoient à tous ces rochers; des festons de neige étoient le seul ornement de ces arbres; tout respiroit ici les rigueurs de l'hiver & l'horreur des frimats; les feux seuls de mon cœur me rendoient ce lieu supportable, & les jours entiers s'y passoient à penſer à toi. Voila la pierre où je m'aſſeyois pour contempler au loin ton heureux ſéjour; ſur celle-ci fut écrite la Lettre qui toucha ton cœur; ces cailloux tranchans me ſervoient de burin pour graver ton chiffre; ici je paſſai le torrent glacé pour reprendre une de tes Lettres qu'emportoit un tourbillon; là je vins relire & baiſer millefois la derniere que tu m'écrivis; voila le bord où d'un œil avide & ſombre je meſurois la profondeur de ces abimes; enfin ce fut ici qu'avant mon triſte départ je vins te pleurer mourante & jurer de ne te pas ſurvivre. Fille trop conſtament aimée, ô toi pour qui j'étois né! Faut-il me retrouver avec toi dans les mêmes lieux, & regretter le tems que j'y paſſois à gémir de ton abſence? .... j'allois continuer; mais Julie, qui me voyant approcher du bord s'étoit effrayée & m'avoit ſaiſi la main, la ſerra ſans mot dire, en me regardant

avec

avec tendresse & retenant avec peine un soupir; puis tout à coup détournant la vue & me tirant par le bras : allons-nous en, mon ami, me dit-elle d'une voix émue, l'air de ce lieu n'est pas bon pour moi. Je partis avec elle en gémissant, mais sans lui répondre, & je quittai pour jamais ce triste réduit, comme j'aurois quitté Julie elle-même.

Revenus lentement au port après quelques détours, nous nous séparames. Elle voulut rester seule, & je continuai de me promener sans trop savoir où j'allois; à mon retour le bateau n'étant pas encore prêt ni l'eau tranquille, nous soupames tristement, les yeux baissés, l'air rêveur, mangeant peu & parlant encore moins. Après le soupé, nous fumes nous asseoir sur la greve en attendant le moment du départ. Insensiblement la lune se leva, l'eau devint plus calme, & Julie me proposa de partir. Je lui donnai

la

la main pour entrer dans le bateau, & en m'asseyant à côté d'elle je ne songeai plus à quiter sa main. Nous gardions un profond silence. Le bruit égal & mesuré des rames m'excitoit à rêver. Le chant assés gai des bécassines (*), me retraçant les plaisirs d'un autre âge, au lieu de m'égayer m'attristoit. Peu à peu je sentis augmenter la mélancolie dont j'étois accablé. Un ciel serain, les doux rayons de la lune, le frémissement argenté dont l'eau brilloit autour de nous, le concours des plus agréables sensations, la présence même de cet objet chéri, rien ne pût détourner de mon cœur mille réflexions douloureuses.

Je

(*) La bécassine du lac de Genève n'est point l'oiseau qu'on appelle en france du même nom. Le chant plus vif & plus animé de la notre donne au lac durant les nuits d'été un air de vie & de fraicheur qui rend ses rives encore plus charmantes.

Je commençai par me rappeller une promenade semblable faite autrefois avec elle durant le charme de nos premieres amours. Tous les sentimens délicieux qui remplissoient alors mon ame s'y retracerent pour l'affliger; tous les événemens de notre jeunesse, nos études, nos entretiens, nos lettres, nos rendez-vous, nos plaisirs,

E tanta fede, e sì dolci memorie,
E sì lungo costume!

ces foules de petits objets qui m'offroient l'image de mon bonheur passé, tout revenoit, pour augmenter ma misere présente, prendre place en mon souvenir. C'en est fait, disois-je en moi-même, ces tems, ces tems heureux ne sont plus; ils ont disparu pour jamais. Hélas, ils ne reviendront plus; & nous vivons, & nous sommes ensemble, & nos cœurs sont toujours unis! Il me sembloit que j'aurois

porté

porté plus patiemment ſa mort ou ſon abſence, & que j'avois moins ſouffert tout le tems que j'avois paſſé loin d'elle. Quand je gémiſſois dans l'éloignement, l'eſpoir de la revoir ſoulageoit mon cœur; je me flatois qu'un inſtant de ſa préſence effaceroit toutes mes peines, j'enviſageois au moins dans les poſſibles un état moins cruel que le mien. Mais ſe trouver auprès d'elle; mais la voir, la toucher, lui parler, l'aimer, l'adorer, &, preſque en la poſſédant encore, la ſentir perdue à jamais pour moi; voila ce qui me jettoit dans des accès de fureur & de rage qui m'agiterent par degrés juſqu'au deſeſpoir. Bien-tôt je commençai de rouler dans mon eſprit des projets funeſtes, & dans un tranſport dont je frémis en y penſant, je fus violemment tenté de la précipiter avec moi dans les flots, & d'y finir dans ſes bras ma vie & mes longs tourmens. Cette hor-

horrible tentation devint à la fin si forte que je fus obligé de quiter brusquement sa main pour passer à la pointe du bateau.

Là mes vives agitations commencerent à prendre un autre cours ; un sentiment plus doux s'insinua peu à peu dans mon ame, l'attendrissement surmonta le desespoir ; je me mis à verser des torrens de larmes, & cet état comparé à celui dont je sortois n'étoit pas sans quelques plaisirs. Je pleurai fortement, longtems, & fus soulagé. Quand je me trouvai bien remis, je revins auprès de Julie ; je repris sa main. Elle tenoit son mouchoir ; je le sentis fort mouillé. Ah, lui dis-je tout bas, je vois que nos cœurs n'ont jamais cessé de s'entendre ! Il est vrai, dit-elle d'une voix alterée ; mais que ce soit la derniere fois qu'ils auront parlé sur ce ton. Nous recommençames alors à causer tranquillement, & au bout d'une heure

heure de navigation, nous arrivames ſans autre accident. Quand nous fumes rentrés j'apperçus à la lumiere qu'elle avoit les yeux rouges & fort gonflés; elle ne dut pas trouver les miens en meilleur état. Après les fatigues de cette journée elle avoit grand beſoin de repos: elle ſe retira, & je fus me coucher.

Voila, mon ami, le détail du jour de ma vie où ſans exception j'ai ſenti les émotions les plus vives. J'eſpere qu'elles ſeront la criſe qui me rendra tout à fait à moi. Au reſte, je vous dirai que cette avanture m'a plus convaincu que tous les argumens, de la liberté de l'homme & du mérite de la vertu. Combien de gens ſont foiblement tentés & ſuccombent? Pour Julie; mes yeux le virent, & mon cœur le ſentit: Elle ſoutint ce jour là le plus grand combat qu'ame humaine ait pu ſoutenir; elle vainquit pourtant: mais qu'ai-je fait pour reſter ſi

loin

loin d'elle ? O Edouard ! quand ſéduit par ta maitreſſe tu ſus triompher à la fois de tes deſirs & des ſiens, n'étois-tu qu'un homme ? ſans toi, j'étois perdu, peut-être. Cent fois dans ce jour périlleux le ſouvenir de ta vertu m'a rendu la mienne.

Fin de la Quatrieme partie.

www.ingramcontent.com/pod-product-compliance
Lightning Source LLC
LaVergne TN
LVHW020538230826
846091LV00002B/311

* 9 7 8 2 0 1 3 0 4 0 0 8 2 *